tredition®

AF196463

Ein Virus legt die Welt lahm. Ende Januar 2020 ist SARS-CoV-2 auch in Deutschland angekommen – und seitdem ist nichts mehr, wie es war.

Horrorszenarien werden prophezeit, das öffentliche Leben wird heruntergefahren, eine Kontaktsperre verhängt.

Teil A beschreibt den Weg der Autorin in der Auseinandersetzung mit dem Virus. Inwieweit kann man Corona mit einer Grippe vergleichen? Wo sind die wesentlichen Unterschiede? Wie hat sich die gefürchtete Reproduktionsrate entwickelt? Wie sah es denn tatsächlich aus mit der Überlastung des Gesundheitssystems? Wie gefährdet sind wir? Wie haben sich die Maßnahmen der Regierung auf die Ausbreitung des Virus ausgewirkt?

In Teil B steht der Mensch im Mittelpunkt.

Warum reagieren wir, wie wir reagieren? Welche Folgen hatten die Maßnahmen auf die Menschen im Land? Welche Rolle spielen die Medien? Was hat die Krise mit uns gemacht? Mit jedem Einzelnen und auch mit uns - als Gesellschaft. Wie können wir zukünftig mit unseren Ängsten umgehen?

Die Autorin bricht eine Lanze für die Opfer der Krise. Ein persönliches Plädoyer für Lebensqualität, in dem – bei aller Ernsthaftigkeit – der Humor nicht zu kurz kommt.

Wenn sich auch die globale Situation ständig verändert – die Botschaft des Buches bleibt hochaktuell.

Lotte Jotta

Corona

Das Buch zum Film

© 2020 Lotte Jotta

2. überarbeitete Auflage

Autor: Lotte Jotta

Umschlaggrafik: Syaibatu Hamdi / Pixabay

Verlag & Druck

tredition GmbH, Halenreie 40-44, 22359 Hamburg

ISBN

978-3-347-10523-2 (Paperback)

978-3-347-10524-9 (Hardcover)

978-3-347-10525-6 (e-Book)

Das Werk, einschließlich seiner Teile, ist urheberrechtlich geschützt. Jede Verwertung ist ohne Zustimmung des Verlages und des Autors unzulässig. Dies gilt insbesondere für die elektronische oder sonstige Vervielfältigung, Übersetzung, Verbreitung und öffentliche Zugänglichmachung.

Bibliografische Information der Deutschen Nationalbibliothek: Die Deutsche Nationalbibliothek verzeichnet diese Publikation in der Deutschen Nationalbibliografie; detaillierte bibliografische Daten sind im Internet über http://dnb.d-nb.de abrufbar.

Meinen Kindern

Inhaltsverzeichnis

Vorwort	9
Teil A: Das Virus	13
1. Eigenschaften des Virus	16
2. Influenza und Corona im Vergleich	23
2.1 Grippewelle 2014/15	25
2.2 Zusammenfassung	29
3. Und nun?	33
4. Wie bedrohlich ist Corona?	36
5. Die Reproduktionsrate	39
6. Die Überlastung der Gesundheitssysteme	43
6.1 Italien	44
6.2 Deutschland	49
7. Behandlung von Corona	53
8. Wer rechnen kann, ist klar im Vorteil	58
Teil B: Der Mensch	67
9. Angst	68
9.1 Wenn Angst krank macht	71
9.2 Angst und Politik	75
9.3 Das Streben nach Sicherheit	80
9.4 Erstmal einen Schritt zurücktreten...	86
10. Medien	89
10.1 Ein Wort an die Promis...	96
11. Wir sind Menschen...	99
12. Verantwortung und Schuld	101
13. Kollateralschäden	111
13.1 Häusliche Gewalt	111
13.2 Herz-Kreislauf-Erkrankungen	114
13.3 Einsamkeit	116

13.4 Existenzbedrohung 120

13.5 Tafeln 122

13.6 Pharmaindustrie 125

13.7 Beerdigungen 127

13.8 Fazit 130

14. Wir wollen nur das Beste 134

15. Wie wollen Sie leben? 140

16. Die Rache des kleinen Mannes 145

17. Über mich 150

A: Risiko in Deutschland 161

B: Mortalität international 164

Quellen 168

Danksagung 181

Vorwort

Die Welt steht kopf. Und wer ist schuld? COVID-19, SARS-CoV-2 oder – besser bekannt – Corona: Verschiedene Namen für den Feind, von dem wir uns bedroht fühlen.

Wenn man es genau nimmt, stehen die Begriffe für unterschiedliche Dinge. Während „Corona" die Virenfamilie benennt, ist SARS-CoV-2 der Name des speziellen Virus. Das Kind sozusagen. COVID-19 hingegen bezeichnet die Krankheit, die durch das Virus hervorgerufen wird. Aus Gründen besserer Lesbarkeit soll im Text jedoch nur der Begriff „Corona" verwendet werden.

Seit sich Corona auch in Deutschland verbreitet hat, scheint nichts mehr zu sein, wie es war. Die Menschen sind verunsichert. Dinge, die bislang trivial waren, werden zum großen Problem.

Er: „Ich muss noch Toilettenpapier kaufen."
Sie: „Pass auf Dich auf... und nimm Proviant mit."

So oder so ähnlich könnten Gespräche in deutschen Haushalten ablaufen. Denn Toilettenpapier ist plötzlich ein seltenes Gut. Wer die vierlagige Variante erwischt, hat im Lotto gewonnen.

Die Abgabe ist mittlerweile reglementiert. Jeder nur ein Kreuz. Für jeden Haushalt gibt´s nur ein Paket. Nicht alle sind bereit, das zu akzeptieren; immerhin geht es darum, seinen A... zu retten.

So gab es auch schon Schlägereien und Polizeieinsätze wegen Kunden, die sich geweigert haben, das Geschäft ohne das Objekt der Begierde zu verlassen, und sich an der Kasse demonstrativ auf das Transportband gesetzt haben.

Waren früher Geldtransporter gefährdet, sind es heute eher die Zulieferer. Man kann sich fast schon vorstellen, wie Gangster die ohnehin gestressten LKW-Fahrer unter Einsatz von Waffengewalt zwingen, Klopapier, Mehl und Nudeln herauszugeben.

Ob die Unternehmen schon mit vergleichbaren Szenarien rechnen? Vor dem Discounter steht jedenfalls neuerdings Security. Bisher sollte sie nur regeln, dass sich nicht zu viele Menschen gleichzeitig im Geschäft aufhalten, aber wer weiß. Mittlerweile hat sie auch darauf zu achten, dass niemand das Geschäft ohne Einkaufswagen betritt.

Auf dem Parkplatz vor dem Supermarkt bilden sich zu manchen Zeiten Schlangen von Menschen. Aus irgendwelchen Gründen muss ich bei diesem Anblick immer an Bananen denken...

Man muss sich vor dem Aldi anstellen wie sonst nur Weiberfastnacht vor seiner Lieblingskneipe? Was soll's, es sind rauhe Zeiten.

Und es gibt wirklich Schlimmeres. Das hören und sehen wir ständig in allen Medien. Unglaublich hohe Zahlen an Todesfällen in Südeuropa, Intensivstationen vor dem Kollaps, überall fehlt es an wichtigem, lebensrettendem Equipment, Ärzte müssen moralisch schwierige Entscheidungen über Leben und Tod treffen und sind physisch wie psychisch im Ausnahmezustand. Überall warten bedrohliche Bilder, Zahlen, Fakten und Horrorszenarien, die sich in die

Köpfe brennen. Für Deutschland gilt das zwar noch nicht, aber uns werden ähnliche Zustände prophezeit.

Die Politik lässt sich beraten und reagiert mit drastischen, uns bisher völlig unbekannten Maßnahmen. Geschäfte werden geschlossen, Kontaktverbote verhängt. Wenn wir uns alle daran halten, soll uns die Ausgangssperre erspart bleiben.

Die Menschen sind aufgefordert, zu Hause zu bleiben und ihre sozialen Kontakte auf das nötigste zu reduzieren. Bürger kontrollieren sich gegenseitig und rufen die Polizei, wenn sie sehen, dass Menschen in Grüppchen unterwegs sind, die aus mehr als zwei Personen bestehen.

Corona ist allgegenwärtig. Ob man Radio hört, den Fernseher einschaltet oder mit der Zeitungsauslage am Kiosk oder der Tankstelle konfrontiert wird: An diesem Thema kommt niemand vorbei. Und es verändert die Atmosphäre im Land.

Unsicherheit und Angst machen sich breit. Es herrscht eine schwere Krise und ausgerechnet jetzt dürfen wir nicht mit unseren Lieben zusammenrücken. Kontakt zu anderen Menschen ist plötzlich etwas Bedrohliches. Ob es hauptsächlich darum geht, sich selbst nicht anzustecken oder ob man dabei in erster Linie an andere denkt: Jeder ist potentieller Träger des Erregers, darum gilt es, den Kontakt zu so vielen Menschen wie möglich zu meiden.

Immerhin zeigt sich gleichzeitig eine große Welle der Hilfsbereitschaft. Wer zur Risikogruppe gehört und sich sorgt bei dem Gedanken an den Gang in den Supermarkt oder zur Apotheke, der kann sich vielerorts seine Einkäufe durch nette Mitmenschen erledigen lassen, oft sogar kostenfrei.

So schön diese Zeichen des „Wir-stehen-zusammen"
auch sind: Die Maßnahmen der Politik haben extreme
Folgen, die sich bisher nur andeuten. Es herrscht ein Klima
der Angst.

Und wer ist schuld? Corona!

Oder?

Teil A: Das Virus

Das Corona-Virus trat in seiner neuen Form erstmals Mitte Dezember 2019 in China ins Rampenlicht, genauer in Wuhan, einer Millionenstadt in der chinesischen Provinz Hubei. Ende 2019 meldeten die chinesischen Behörden der WHO das Auftreten mehrerer Fälle einer merkwürdigen Lungenkrankheit. (16)

Am 07.01.2020 gelingt in China die nähere Bestimmung des Erregers. Die Experten ordnen ihn in die große Familie der Corona-Viren ein. Diese sind in unterschiedlichem Ausmaß bedrohlich. Das Spektrum reicht von harmlosen Erkältungen bis hin zu schweren Atemwegserkrankungen wie bei SARS.

Das Virus breitet sich in China rasant aus und hat bereits im Januar 2020 epidemiologisches Ausmaß. Wuhan wird unter Quarantäne gestellt und alle Neujahrsveranstaltungen werden abgesagt.

Die WHO ist zu diesem Zeitpunkt (23.01.20) noch entspannt und sieht keine Notwendigkeit für das Ausrufen eines internationalen Gesundheitsnotstands, da es außerhalb Chinas „keine Hinweise" auf eine Übertragung von Mensch zu Mensch gebe. (16)

Nur einen Tag später werden die ersten Fälle aus Europa gemeldet. In Frankreich haben sich insgesamt drei Verdachtsfälle bestätigt.

Am 27.01. hat das Virus auch Deutschland erreicht. Bayern meldet seinen ersten Fall. Dieser soll sich auch gleichzeitig als erster Nachweis einer Mensch-zu-Mensch-Übertragung außerhalb Asiens herausstellen.

In Italien treten die ersten Fälle am 28.01. auf. Diese kommen jedoch nicht als Ursprung der extremen Verbreitung innerhalb Italiens in Frage. Wo diese genau ihren Lauf genommen hat, ist nach wie vor ungeklärt. Aber sie nimmt ihren Lauf. Das Land entwickelt sich schnell zum meistbetroffenen Land außerhalb Asiens. (96)

Innerhalb Deutschlands sind nach und nach immer mehr Bundesländer betroffen. Der Gesundheitsminister ließ am 24.02. verlauten, dass Deutschland, sollte sich die Infektion hier auch ausbreiten, bestmöglich vorbereitet sei. Prof. Wieler vom RKI gab am 02.03. bekannt, das Risiko für die Bevölkerung sei als „mäßig" eingestuft worden. Auch Prof. Drosten von der Charité teilte mit, dass „das Risiko für die Bevölkerung gestiegen, die Gefahr für den einzelnen aber weiterhin nicht groß" sei. (17)

Aufgrund der zunehmenden Knappheit medizinischer Schutzausrüstung kam es in der Folge zu einem Exportverbot. Apotheker erhielten die Erlaubnis, Händedesinfektionsmittel herzustellen und in Umlauf zu bringen.

Am 09.03. teilte der Bundesgesundheitsminister im Rahmen einer Pressekonferenz mit, dass man die Ausbreitung des Virus in Deutschland unbedingt verlangsamen müsse, damit das Gesundheitssystem und die Forschung „gut damit umgehen" können. (17)

Danach wurde es ziemlich schnell richtig turbulent. Die Regierung gibt Mitte März Leitlinien mit Handlungsempfehlungen heraus, die von den Kommunen umgesetzt werden sollen. Es kommt zum Verbot von Großveranstaltungen, Geschäfte werden geschlossen (zuletzt dann auch die Friseure, schluchz), bis hin zu Home-Office-Anweisungen und Kontaktverbot.

14

Dann betrachten wir doch den „Verursacher" dieser Ausnahmesituation jetzt mal genauer. Was kann der denn so?

1. Eigenschaften des Virus

Eine Infektion mit dem Corona-Virus kann verschiedene Symptome hervorrufen: Häufig genannt werden Husten, Fieber, Schnupfen und eine Beeinträchtigung des Geschmacks- und/oder Geruchssinns. Bei einem kleinen Prozentsatz der bestätigten Fälle kommt es zu einer Lungenentzündung.

Der Hauptübertragungsweg läuft über die Tröpfcheninfektion. Wenn die Schleimhäute in Nase oder Mund mit den Tröpfchen, die beim Husten oder Niesen einer infizierten Person entstehen, in Berührung kommen, kann man sich mit dem Virus anstecken.

Ob Ansteckung durch Kontakt mit einer kontaminierten Oberfläche erfolgen kann, ist nicht bewiesen, jedoch theoretisch möglich. (26)

Die Möglichkeit einer Ansteckung über Aerosole, also kleinste Tröpfchen, die mit der normalen Atemluft ausgestoßen werden, wird kontrovers diskutiert.

Das RKI gibt (28.04.20) an, dass eine Übertragung von Coronaviren „über Aerosole im normalen gesellschaftlichen Umgang nicht wahrscheinlich ist" (26).

Drosten hingegen hält unter Bezugnahme auf verschiedene Studien eine Übertragung grundsätzlich für möglich (67).

Dieser Übertragungsweg scheint am ehesten in geschlossenen Räumen mit wenig Luftumwälzung Relevanz zu haben. Im Freien verfliegt das Virus viel schneller. In Supermärkten sorgen raumlufttechnische Anlagen für eine hohe Umwälzung, so dass hier nicht von einer Belastung der Raumluft ausgegangen werden muss.

Auch Drosten vermutet, dass dieser Mechanismus der Übertragung nicht im Vordergrund steht (67). Letztlich also weniger Kontroverse als anfangs vermutet.

Wie verläuft die Krankheit, wenn man sich angesteckt hat? So etwas wie einen typischen Krankheitsverlauf gibt es nicht.

Hat man sich tatsächlich mit dem Virus infiziert, ist noch lange nicht gesagt, dass sich auch Symptome ausbilden. Viele Infektionen verlaufen asymptomatisch, also symptomfrei (100). Der Körper schafft es, mit dem eingedrungenen Virus zurechtzukommen, und bildet bereits nach kurzer Zeit Antikörper.

Bilden sich bei einer infizierten Person tatsächlich Symptome aus, sind diese häufig milder Natur und ähneln denen einer schwereren Erkältung. Bei einem Anteil der Infizierten kann Corona jedoch „schwer" verlaufen.

In diesem Fall hat sich die Erkrankung auf die Lunge ausgestreckt und eine Pneumonie ausgelöst, was häufig von Atemnot begleitet ist. Bei einem kleinen Teil der Patienten führt dies zu einer lebensbedrohlichen Situation, die eine intensivmedizinische Behandlung erfordert.

Unter bestimmten Voraussetzungen hat man eine höhere Wahrscheinlichkeit, dass sich die Krankheit, wenn sie ausgebrochen ist, in Richtung eines schweren Verlaufs entwickelt. Zur Risikogruppe hierfür gehören ältere Menschen sowie Menschen mit bestimmten Krankheitsbildern.

Zu den Vorerkrankungen, die den Verlauf einer Infektion negativ beeinflussen können, zählen nach Angaben des RKI

Erkrankungen des Herz-Kreislauf-Systems, chronische Lungenerkrankungen, Diabetes, chronische Lebererkrankungen, Krebs und das Vorhandensein eines geschwächten Immunsystems. Auch Raucher und Menschen mit starkem Übergewicht haben ein erhöhtes Risiko (26).

Die folgenden Zahlen erstrecken sich auf die Fälle in Deutschland, bei denen eine Corona-Infektion tatsächlich nachgewiesen wurde und sind dem Corona-Steckbrief des RKI entnommen.

Eine Auswertung der Daten von bestätigten Fällen in Deutschland (Stand 03.04.20) ergab, dass ungefähr ein Viertel (25,3 %) der infizierten Personen mindestens 60 Jahre alt war. Den größten Anteil (46,7 %) stellt die Gruppe der 35-59jährigen. Betrachtet man die Gruppe der 15-59jährigen, sind es 72 %.

Bezüglich der Gruppe mit schwerem Verlauf ist leider keine nähere Aufschlüsselung nach Alter oder Vorerkrankungen zu finden. Das RKI macht jedoch Angaben zu den bisher bekannten Todesfällen: Betrachtet man die in Deutschland bis zum 03.04.20 (26) an dem Virus verstorbenen Patienten, stellt man fest, dass 86 % der Verstorbenen 70 Jahre oder älter waren. Der Altersmedian liegt bei 82 Jahren.

Der Median ist ein Maß, das einen Datensatz genau in zwei Hälften teilt. Im vorliegenden Fall bedeutet dies, dass genau die Hälfte der Verstorbenen 82 Jahre oder älter war, die andere Hälfte 82 Jahre oder jünger. Von dieser zweiten Hälfte war ein Großteil mindestens 70 Jahre alt.

Es gibt verschiedene Maße, anhand derer man abschätzen kann, wie gefährlich eine Krankheit ist.

Da wäre zum einen die **Letalität**. Die Letalität gibt an, wieviele von der Krankheit betroffene Menschen an ihr versterben. Zur Berechnung der Letalität benötigt man demnach Kenntnis darüber, wieviele Personen überhaupt erkrankt sind. Bei Corona liegen diesbezüglich noch immer keine belastbaren Informationen vor.

Der Umstand, dass die Krankheit bei vielen Menschen symptomfrei verläuft, führt zu einer hohen Dunkelziffer bzgl. der tatsächlichen Ausbreitung der Krankheit. Keine Symptome, kein Arztbesuch, kein Test, keine Diagnose.

Selbst *mit* Symptomen wurde man lange Zeit nur getestet, wenn auch der Kontakt zu einer nachgewiesenermaßen infizierten Person gegeben war. Dann war die Wahrscheinlichkeit, dass es sich bei den Symptomen nicht nur um einen grippalen Infekt, sondern tatsächlich um Corona handelt, höher.

Tests waren nur in begrenztem Ausmaß verfügbar. Die Nachfrage war hier deutlich höher als das Angebot. Hinzu kommen beschränkte Kapazitäten in den Labors, denn irgendwer muss die Tests ja auch auswerten.

Ohne eine umfangreiche Testung hat man aber auch keine verlässlichen Daten über die Ausbreitung des Virus. Solange nicht annähernd klar ist, wieviele Menschen sich infiziert haben, können keine Aussagen über die Letalität getroffen werden. Dennoch wird der Begriff fröhlich benutzt und immer mal wieder mit Fallsterblichkeit (s.u.) gleichgesetzt.

Eine andere Kennzahl zur Abschätzung der Gefährlichkeit ist die **Mortalität**.

Hierüber lassen sich eher Schätzungen anstellen. Zur Bestimmung der Mortalität braucht man keine Zahlen bezüglich der Anzahl der tatsächlich Infizierten. Hier setzt man stattdessen die Anzahl der an Corona Verstorbenen zu der Gesamtbevölkerung in Beziehung, bzw. zu dem Teil der Bevölkerung, der diese Krankheit erwerben kann.

Im Falle der Virusinfektion ist dies dasselbe. Würde man jedoch beispielsweise die Mortalität von Gebärmutterhalskrebs in Deutschland bestimmen wollen, würde man die Todesfälle nur auf die Anzahl der Frauen in Deutschland beziehen. Männer würden dann nicht berücksichtigt, da sie die Krankheit ja gar nicht erwerben können.

Ein drittes Maß, mit dem man bis zu einem gewissen Grad bestimmen kann, wie häufig eine Krankheit zum Tode führt, ist die **Fallsterblichkeit**. Die Fallsterblichkeit gibt an, wieviel Prozent der *bekanntermaßen infizierten Personen* der Krankheit am Ende erliegen.

Hier setzt man also die Todesfälle in Beziehung zur Zahl der erwiesenermaßen Infizierten und lässt die Dunkelziffer außer acht. Dadurch wirkt dieser Wert mitunter erschreckend hoch.

Mit Datum vom 05.04. (28) findet man folgende Fallsterblichkeitswerte für die verschiedenen Länder:

Italien hat weltweit die höchste Fallsterblichkeitsrate. Hier sterben mehr als 12 % der nachgewiesenermaßen infizierten Personen. An zweiter Stelle liegt Großbritannien mit knapp über 10 %, gefolgt von Spanien (9,5 %) und Frankreich (8,25 %). Den niedrigsten Wert hat Deutschland mit 1,5 %.

Dieser Wert bezieht sich, wie gesagt, auf die tatsächlich nachgewiesenen Infektionen. Von 1000 nachgewiesenen Infektionen in Deutschland führten 15 zum Tode. (Stand 05.04.)

Wie hoch die Dunkelziffer ist – darüber findet man sehr unterschiedliche Schätzungen. Das RKI verweist mit Zurückhaltung auf zwei Studien aus China (26). Eine dieser Studien kommt nach Auswertung der Daten zu dem Schluss, dass in China lediglich fünf Prozent der Infizierten erfasst worden ist. Dies würde bedeuten, dass die tatsächliche Anzahl der Infektionen 20 x höher ist.

Die zweite Studie kommt zu dem Ergebnis, dass die tatsächliche Anzahl fast 11 x höher liegt und nur 9,2 % erfasst worden seien (26)

Krasse Zahlen!

Für Deutschland wird angenommen, dass die Zahl der tatsächlich infizierten Personen 4,5 – 11,1 x höher liegt als bekannt. (26)

Da anzunehmen ist, dass sich hinter all diesen Infektionen, von denen wir nichts wissen, hauptsächlich asymptomatische oder milde Verläufe verbergen, würde sich jeder einzelne Fall günstig auf Fallsterblichkeit und Letalität auswirken.

Um zu genaueren Werten zu gelangen, ist beabsichtigt, die Verbreitung des Virus mit den Methoden zu schätzen, die die Arbeitsgemeinschaft Influenza seit vielen Jahren zur näheren Beschreibung von Grippewellen nutzt (siehe Kapitel 2).

Apropos Grippe: Es gibt viel Diskussion darüber, ob man Corona mit einer Grippe vergleichen kann oder nicht. Corona wirkt viel bedrohlicher. Aber wo liegen denn die Gemeinsamkeiten und Unterschiede zwischen den beiden Viruserkrankungen? Darum soll es im folgenden Kapitel gehen.

2. Influenza und Corona im Vergleich

Volkstümlich als Grippe bekannt, stellt die Influenza eine Virusinfektion dar, deren Erreger jedes Jahr im Umlauf sind, dabei allerdings unterschiedlich viel Schaden anrichten.

Die Verbreitung der Grippe wird von der Arbeitsgemeinschaft Influenza (AGI) überwacht. Die AGI wurde 1992 gegründet. Sie untersucht das Auftreten von Influenza (und von akuten Atemwegserkrankungen im Allgemeinen), u.a. durch Vernetzung mit bestimmten Arztpraxen. Diese Praxen melden an die AGI zurück, wie häufig sie Patienten mit bestimmten Symptomkombinationen in der Sprechstunde vorfinden.

Im Zusammenhang mit einem 2001 in Kraft getretenen neuen Infektionsschutzgesetz übernahm das Robert-Koch-Institut die wissenschaftliche Leitung der AGI. (11)

Bei den Erregern werden verschiedene Subtypen unterschieden. Die Viren verändern sich ständig durch Mutation. Infiziert sich ein Mensch mit verschiedenen Virentypen gleichzeitig, können zudem völlig neue Kombinationen entstehen: Statt mühsam zu mutieren, tauschen die Viren fertige Gensegmente untereinander aus. Beide Phänomene führen dazu, dass vom Menschen bereits erworbene Antikörper für die neuen Typen nutzlos werden. (30)

Die Übertragung des Influenza-Erregers gleicht dem des Corona-Virus: Man infiziert sich hauptsächlich im Direktkontakt über Tröpfcheninfektion, es ist jedoch auch möglich, sich über kontaminierte Oberflächen und darauffolgenden Kontakt mit den Schleimhäuten anzustecken. Ebenso ist eine Ansteckung über Aerosole denkbar. (8)

Typisch für eine Grippe ist ihr abrupter Beginn. Gesunde Menschen haben von jetzt auf gleich hohes Fieber, fühlen sich abgeschlagen, haben trockenen Husten und schwere Kopf- und Gliederschmerzen. Eine Infektion mit Influenza-Viren schwächt die Abwehrkräfte und kann zu lebensbedrohlichen Komplikationen, wie z.B. einer Lungenentzündung führen.

Einer Langzeitstudie (10) zufolge bildet allerdings nur ca. jeder Vierte, der sich mit dem Virus infiziert hat, überhaupt Symptome aus. Für 77 % der mit Influenza infizierten Personen gilt, dass sie keine Symptome haben, als Träger des Virus die Krankheit jedoch weitergeben können, ohne sich ihrer Infektion überhaupt bewusst zu sein.

Das RKI benennt den Anteil der Personen, bei denen die Grippe asymptomatisch verläuft, mit einem Drittel. (8)

Wieviele auch immer es sind... *Haben Sie das gewusst?* Ich nicht. Ich habe anfangs angenommen, dass dies einer der entscheidenden Unterschiede zwischen Corona und Grippe sei. Mit Grippe fühlt man sich krank und bleibt freiwillig im Bett, statt durch die Gegend zu ziehen und Leute anzustecken. Aber so ist es nicht. Es gibt auch hier eine sehr große Dunkelziffer.

Selbst, wenn es „nur" ein Drittel ist, das infiziert herumläuft, ohne Symptome auszubilden: Hinzu kommt ein weiteres Drittel, bei dem sich die Grippe nur mild ausprägt. Hier ist auch davon auszugehen, dass sich nicht alle ins Bett legen oder zum Arzt gehen, sondern Symptome behandeln und weitermachen.

Zur Risikogruppe für einen schweren Verlauf bei einer Ansteckung mit Influenza-Viren zählen Senioren, Menschen mit einer chronischen Grunderkrankung und Schwangere. (6)

Die folgenden Zahlen und Fakten sind dem „Bericht zur Epidemiologie der Influenza, Saison 2014/15" der AGI entnommen. Entsprechend beziehen sie sich auf die Grippewelle 2014/15. (30)

Tauchen Sie mit mir ein in die faszinierende Welt der Influenza. Sollten Sie jetzt zurückschrecken, weil Ihnen das einfach *zu* spannend ist ... Sie können auch zur Zusammenfassung hüpfen.

2.1 Grippewelle 2014/15

Bereits im Oktober 2014 kam es zum erstmaligen Nachweis des Influenza-Subtyps, der nachfolgend die Grippewelle auslösen sollte. Der Anteil der Proben, die positiv auf Influenza getestet wurden, stieg sukzessive an und lag ab der zweiten Kalenderwoche 2015 bei mehr als 20 %. Dies wird zeitlich von der AGI als Beginn der Influenzawelle definiert. Sie endete in der 16. Kalenderwoche.

Um das Ausmaß der Grippewelle beschreiben zu können, gibt die AGI verschiedene Maße an. Im speziellen sind dies die Anzahl der Arztbesuche, die Krankschreibungen, Krankenhausaufenthalte und Todesfälle, die mit einer Influenzainfektion in Zusammenhang gebracht werden. Die Fälle werden nicht deutschlandweit einzeln akribisch gezählt, sondern mittels statistischer Methoden hochgerechnet.

Von repräsentativen Stichproben auf die Grundgesamtheit zu schließen, ist eine gängige Methode, um die Verbreitung eines Merkmals in der Bevölkerung zu schätzen, wenn es aus unterschiedlichsten Gründen nicht möglich ist, jeden einzelnen zu erfassen. Auf diese Weise kommen z.B. die Zuschauerquoten zustande. Es läuft ja niemand deutschlandweit von Haus zu Haus und fragt nach dem Fernsehprogramm vom Vortag. Ausgewählte Nutzer melden zurück, welches Programm sie tatsächlich gesehen haben. Da die Gruppe der Nutzer vorher so ausgewählt wurde, dass sie in relevanten Punkten die Bevölkerungsstruktur widerspiegelt, kann man die Werte auf die ganze Bevölkerung hochrechnen.

Der von der AGI angewandte Weg ist daher plausibel. Es gibt keinen Grund anzunehmen, dass die Zahlen stark von der Realität abweichen. Am Ende behauptet auch niemand, die Zahl genau zu kennen, sondern es wird für die meisten Maße ein Konfidenzintervall (KI) angegeben. Dies benennt den Bereich, in dem sich die tatsächliche Zahl mit einer Wahrscheinlichkeit von 95 % befindet.

Die Vorgehensweise der AGI bei der Schätzung soll hier nur zusammengefasst dargestellt werden. Bei (noch mehr) Interesse sind Details zu den angewandten statistischen Modellen dem Bericht der AGI (30) zu entnehmen.

Bezüglich des zu berechnenden Maßes wird zuerst ein Basiswert berechnet. Am Beispiel der „Konsultationen" würde man die Frage stellen:

„Wieviele Menschen suchen in einem durchschnittlichen Jahr im Zeitraum von Januar bis April normalerweise wegen akuter Atemwegsbeschwerden ihren Hausarzt auf?"

Die Antwort auf diese Frage führt zu dem Wert, der auch dann zu erwarten gewesen wäre, hätte es keine Grippewelle gegeben. Hier kann die AGI auf kompliziert berechnete Erfahrungswerte zurückgreifen und weiß so, wie viele Arztbesuche mit dieser Diagnose nichts mit der Grippewelle zu tun haben.

Die überzufällige Anzahl der darüber hinaus gehenden Konsultationen mit derselben Diagnose werden als im Zusammenhang mit Influenza stehend betrachtet. Der sich hieraus ergebende Wert wird Exzess-Konsultationen genannt.

Sehr vereinfacht kann man es auch folgendermaßen darstellen: Nehmen wir an, dass in einer durchschnittlichen Hausarztpraxis im Zeitraum von Januar bis März eines beliebigen Jahres erfahrungsgemäß ungefähr 200 Patienten wegen akuter Atemwegsbeschwerden vorsprechen. Sind es während einer Grippewelle plötzlich 400, so erhält man eine Differenz von 200. Davon wird der Teil abgezogen, der auf rein zufälligen Schwankungen beruhen könnte. Und nur das, was danach übrig bleibt, würde man auf die aktuelle Grippewelle zurückführen.

Für die Influenza-Welle 2014/15 kommt die AGI für Deutschland zu dem unglaublichen Wert von **6,2 Millionen** Arztbesuchen, die **über das normale Maß** hinausgehen und mit Influenza assoziiert sind. Genauer gesagt liegt der tatsächliche Wert mit einer Wahrscheinlichkeit von 95 % zwischen 5,5 und 6,7 Millionen Arztbesuchen.

Die auf die Grippewelle zurückzuführenden zusätzlichen Krankschreibungen und die von den Hausärzten ausgestellten Überweisungen in ein Krankenhaus wurden auf gleiche Weise berechnet.

Hinsichtlich der Krankschreibungen (einschließlich der Verordnung von Bettruhe bei Menschen, die keine Krankschreibung benötigen) liegt der Schätzwert bei **3,7 Millionen** (KI: 3,4 – 4,1 Millionen), allein wegen Influenza.

31.000 Menschen wurden aufgrund der Schwere ihrer Symptome in ein Krankenhaus überwiesen (KI: 26.000 – 35000).

In diesen Zahlen sind all diejenigen noch nicht berücksichtigt, bei denen die Infektion symptomfrei oder so mild verläuft, dass kein Arzt aufgesucht wird.

Auch zu den mit Influenza assoziierten Todesfällen legt die AGI Schätzungen vor. Ähnlich wie bei den o.g. Parametern wird zuerst ein Basiswert berechnet. Wie viele Todesfälle sind erfahrungsgemäß in dem definierten Zeitraum zu erwarten? Geht die Anzahl der Todesopfer während einer Grippewelle deutlich über den zu erwartenden Wert hinaus, wird der überzufällige Anstieg den Auswirkungen der Influenza zugerechnet.

Auf diese Weise berechnet die AGI für die Grippesaison 2014/15 **21.300** Todesfälle in Deutschland.

Dabei sollte erst drei Jahre später die schlimmste Grippewelle seit 30 Jahren auftreten...

2.2 Zusammenfassung

Ungefähr 6 Millionen Arztbesuche, mehr als 3,5 Millionen Krankschreibungen und ca. 30.000 Patienten, die aufgrund der Schwere ihrer Symptome ins Krankenhaus mussten. Nicht insgesamt, sondern nur im Zusammenhang mit der Grippe. Plus Dunkelziffer. Über 20.000 Menschen sind direkt oder indirekt an Influenza gestorben. Das alles geschah in Deutschland im Zeitraum von Januar bis April 2015.

Die Fragezeichen in meinem Kopf sind größer geworden. Meine drei zusammengereimten Hauptargumente dafür, dass Corona gefährlicher sein *muss*, haben sich in Luft aufgelöst:

Grippeviren sind dem Körper bekannt, Corona ist neu.
Erstens sind Corona-Viren an sich nicht neu. Das aktuell grassierende Corona-Virus ist ein Vertreter von Viren einer Gruppe, die wir bereits kennen.

Zweitens verändern sich auch Influenza-Erreger jedes Jahr. Auch hier trat in der Vergangenheit von Zeit zu Zeit ein Subtyp auf, der sich in wesentlichen Eigenschaften von den bisher bekannten unterschieden hat. Geschieht dies, steht kurzfristig kein Impfstoff zur Verfügung, das Immunsystem weiß mit diesem neuen Erreger nicht umzugehen und es kommt zu einer Pandemie. Ein derart veränderter Influenza-Subtyp ist für den Körper genauso neu wie das aktuell grassierende Coronavirus.

Corona ist bedrohlicher, weil viele Infektionen ohne Symptome verlaufen und sich so die Krankheit viel schneller ausbreitet.

Angaben des RKI zufolge verläuft ein Drittel der Influenza-Infektionen schwer, ein Drittel leicht und das letzte Drittel asymptomatisch, also ohne erkennbare Symptome. In einer Studie (10) wurde gezeigt, dass sogar nur jeder vierte Infizierte Symptome aufweist. Wie bei Corona ist man jedoch auch bei Symptomfreiheit möglicher Überträger der Krankheit.

An der Grippe sterben doch nicht so viele Menschen.

2014/15 waren es in Deutschland über 21.000, in der Saison 2017/18 über 25.000 Menschen. Da sind wir bei Corona noch weit von entfernt.

Der Vergleich zwischen Grippe- und Coronatoten wird an manchen Stellen als falsch dargestellt, da die Anzahl der Grippetoten auf *Schätzungen* beruht, während es sich bei Corona um *labordiagnostisch bestätigte Fälle* handelt (3).

Diese Aussage lässt sich auf verschiedene Weise interpretieren. Wenn damit jedoch gemeint ist, dass es sich bei den Corona-Toten um bestätigte Fälle, also Tatsachen, handelt und bei den Grippetoten um eine reine Vermutung, dann wird aus meiner Sicht andersherum ein Schuh draus. Es sind nicht die Ergebnisse der *AGI*, die Anlass zum Zweifeln geben.

Die Schätzungen der AGI sind bereinigte Werte. Der Anteil der Todesfälle, die in diesem Zeitraum sowieso zu erwarten gewesen wäre, ist in den Zahlen nicht mehr enthalten!

Von bereinigten Werten kann in den Corona-Statistiken hingegen überhaupt nicht die Rede sein. Jeder Tote, der das Virus in sich trägt, gilt als daran verstorben. (siehe Kap. 6). Überspitzt formuliert hat man vielleicht selbst mit einem Kopfschuss noch gute Chancen, Teil dieser Statistik zu werden – wenn nachträglich das Virus nachgewiesen wird.

Die Zahl der *an* Corona Verstorbenen wird also aktuell völlig überschätzt. Sie beschreibt eigentlich nur, wie viele der Toten das Virus in sich tragen.

Tatsächlich fällt die Zahl der an Influenza Erkrankten und auch Verstorbenen verschwindend gering aus, wenn man nur die Zahl der labortechnisch bestätigten Fälle einer Infektion bzw. die auf dem Totenschein eingetragene Todesursache „Influenza" betrachtet. Aber wie kommt es denn zu dieser niedrigen Anzahl an bestätigten Fällen?

Man ist schlicht und ergreifend sehr sparsam in der Testung. (30) Wenn man nicht testet, kann man aber auch nicht herausfinden, ob jemand Grippe hat. Zwar ist die Influenza eine meldepflichtige Krankheit. Wenn labordiagnostisch positiv auf Grippe getestet wird, muss der Arzt den Befund an das Gesundheitsamt weitergeben. Spricht ein Patient mit Grippesymptomen in der Praxis vor, führt dies jedoch nur selten zu einer labordiagnostischen Untersuchung. Kein Test, kein Nachweis, keine Meldung an das Gesundheitsamt. Dies führt dazu, dass die Zahl der gemeldeten Fälle die Realität völlig unterschätzt.

Sich bei den an Influenza Erkrankten an der Zahl der labortechnisch bestätigten Fälle zu orientieren, ist also kein sinnvoller Weg.

Bei den Verstorbenen ist das ähnlich. Auf dem Totenschein wird selten die Diagnose „Influenza" vermerkt, selbst dann nicht, wenn ein positiver Test vorliegt. (30). Die Anzahl der an Grippe Verstorbenen auf die bestätigten Fälle zu reduzieren, würde in keinster Weise die Realität widerspiegeln.

Ich bin gespannt, zu welchem Ergebnis das RKI irgendwann kommen wird. Denn es wird darüber nachgedacht, das tatsächliche Ausmaß der Corona-Pandemie mit den gleichen Methoden zu bestimmen, wie sie die AGI für die Influenza schon lange anwendet (101). Dann hat man vergleichbare Zahlen, die auch noch realistisch sind.

Und jetzt? Macht die Tatsache, dass im Verlauf einer Grippewelle immer mal wieder eine sehr große Anzahl an Menschen stirbt, Corona harmlos? Nein.

Erstmal fühlt es sich andersherum an. Als hätte man der Influenza bisher nicht den Stellenwert gegeben, der ihr gebührt.

3. Und nun?

Jetzt habe ich mich über die Influenza informiert. Und komme zu dem Schluss: Grippe ist ja gar nicht so ungefährlich. Zumindest, wenn ich mal ausschließlich die Todeszahlen betrachte.

Grippewellen fordern also mitunter erstaunlich viele Todesopfer. Ich vermute, dem ein oder anderen wird es ähnlich gehen wie mir: Ich habe es nicht gewusst.

Spontan wäre mir zum Thema Grippe eingefallen:
„Man darf sie nicht verwechseln mit grippalem Infekt", *„Alte und Kranke müssen aufpassen"* und *„Man kann sich dagegen impfen lassen, wenn man will".*
Neben Infektionsweg und Symptomen beschreibt das relativ umfassend mein Wissen über Influenza vor Beginn dieses Buches. Ich habe mich nie bedroht gefühlt. Und irgendwie habe ich die Grippe auch nicht ernstgenommen. Dann wird umgangssprachlich auch noch oft jeder grippale Infekt mit Grippe gleichgesetzt. Spätestens jetzt ist die Grippe doch harmlos.

Wenn ich *überhaupt* mitbekommen habe, dass eine Influenzawelle im Umlauf ist, hat es mich nicht besonders beeindruckt. Zu keinem Zeitpunkt habe ich aufgrund dieser Information irgendetwas an meinem Verhalten geändert. Ich habe nicht aufgehört, mich mit Menschen zu treffen, und war im Umgang mit ihnen, wie ich es immer bin.

So fühlte es sich auch falsch an, Corona mit Grippe zu vergleichen. Grippe... ja, gut, kennt man. Das soll vergleichbar sein mit dem, was wir hier jetzt ständig präsentiert bekommen? So viele Infektionen, so viele Tote, Politiker in Aufruhr, Gerede von Krieg und Seuchen, überall Sorgenfalten... Wie kann man das derart herunterspielen, indem man es mit Grippe vergleicht?

Wir hatten – in Unwissenheit – einen natürlichen Umgang mit der Grippe. Sie kommt und sie geht. Sie reißt nicht willkürlich Menschen aus der Mitte ihres Lebens, sondern holt oft die, deren Leben kurz vor dem Ende steht.

Und, nein, es ist nicht so, dass ich Alte und Schwache weniger bedeutsam oder weniger (schützens-)wert finde. Aber es ist *Natur*. Menschen sterben. In Deutschland jedes Jahr fast eine Million! Je älter man ist und je instabiler die Gesundheit, desto höher ist die Wahrscheinlichkeit, davon irgendwann betroffen zu sein.

Auf der anderen Seite kommen auch immer wieder Kinder auf die Welt. In Deutschland waren es 2018 fast 800.000. (29).

Von daher bin ich mit dem Grundkonzept sehr einverstanden. Ich möchte mir gar nicht vorstellen, dass am Ende des Lebens nicht mehr der physische Tod steht. Das ewige Leben kann es im Himmel geben. Auf der Erde ist dafür leider nicht genug Platz.

Aber natürlich ist jede individuelle Erfahrung mit diesem Thema schmerzhaft und wir möchten sie hinauszögern, solange es geht. Jeder möchte, dass seine Lieben ewig leben. Und natürlich achten wir auf sie und versuchen, Risiken von ihnen fernzuhalten. Dennoch wird der Tag irgendwann kommen.

Es ist Natur. Und eigentlich wissen wir das auch. Da man *uns* aber jetzt die Verantwortung für diese Toten gegeben hat, sind wir alle aufgerufen, das um jeden Preis zu verhindern. Zu diesem Thema mehr in Teil B.

Aber was macht Corona denn so gefährlich? Wo liegt der wesentliche Unterschied, der dazu führt, dass wir im Umgang mit Corona so derart verschärfte Maßnahmen für notwendig halten?

Der Unterschied liegt in der Berichterstattung. Anders als bei einer Grippewelle bekommt Corona Aufmerksamkeit auf allen Kanälen. (Siehe Kap. 10)

Von den Grippetoten hört man so gut wie nichts. Von Januar bis April 2015 sind über 20.000 Menschen gestorben wegen Influenza. Die meisten werden in Krankenhäusern gestorben sein. Bei der Grippewelle 2017/18 waren es sogar über 25.000.

Das arme Stiefkind Influenza. War schon so oft da, und (fast) keinen interessiert's.

Wäre das anders gewesen, hätte man jede größere Grippewelle so aufgebaut wie Corona – wir wären bei jeder Influenza in Panik geraten. Und so ist sie sang- und klanglos an den allerallermeisten vorübergezogen.

4. Wie bedrohlich ist Corona?

Kurz gesagt: So gefährlich bzw. so ungefährlich wie eine Grippe.

Beides sollte man nicht auf die leichte Schulter nehmen, besonders, wenn man zur Risikogruppe gehört. Da es aber in sehr vielen – den relevanten – Punkten mit der Influenza vergleichbar ist, gibt es auch keinen Grund, in Panik zu verfallen. Grippewellen haben wir schon oft durchlebt, auch wenn wir das vielleicht gar nicht gemerkt haben.

Wieviel Angst vor Corona ist sinnvoll? Soviel Angst, wie Sie sie auch vor einer Grippe hätten.

Für den allergrößten Teil der Bevölkerung stellt eine Infektion mit dem Corona-Virus keine Bedrohung dar. Es bilden sich keine Symptome aus, die Menschen wissen gar nichts von der Infektion oder durchleben sie in milder Form. Nach durchlaufener Infektion bilden sie Antikörper aus und sind danach für eine gewisse Zeit immun gegen eine Neuinfektion.

Zu der Frage, wie lange diese Immunität bei Corona anhält, lassen sich noch keine sicheren Aussagen treffen, da man hierzu Gruppen von genesenen Patienten über mehrere Jahre untersuchen müsste. Da es aber bereits Erfahrungen gibt mit anderen Corona-Infektionen (SARS, MERS), schätzt das RKI (26), dass der Schutz vor einer Neuinfektion bis zu drei Jahre anhalten könne.

Nach Ansicht des Immuntoxikologen Prof. Dr. Stefan Hockertz (23) sind diese genesenen Patienten wichtige Bausteine im Verlauf einer Infektionswelle. Menschen mit

Antikörpern fungieren wie ein natürlicher Schutzwall. Je mehr Menschen immun sind, desto schwerer wird es für das Virus sich zu verbreiten. Und desto schneller hat der Spuk ein Ende.

Entsprechend hält Hockertz die Schließung von Schulen und Kindergärten für einen großen Fehler (23), da die Infektion bei Kindern meist in sehr milder Form verläuft. Kinder, die die Krankheit bereits durchlaufen haben, stecken niemanden mehr an und können sich auch selbst nicht mehr anstecken. Und das Virus findet schnell seine Grenzen.

Wir könnten also schon wesentlich weiter sein. Denn am Ende, so Hockertz, wird es kommen, wie es auch bei Influenza immer kommt. Die Bevölkerung ist dann ungefähr zu 60 % mit dem Virus infiziert (24).

Durchseuchung. Kein schönes Wort für eine gute Sache. Denn wenn dieser Punkt erreicht ist, hat das Virus kaum noch Chancen.

Wie viel Angst macht Sinn? So viel wie bei einer Grippe. Sie haben das alles bereits x-mal erlebt.

Der Kontakt mit dem Virus führt noch nicht zu einer Infektion. Sie können infizierte Personen anfassen oder Kontakt mit kontaminierten Gegenständen haben. (24) Das ist bis dahin völlig unproblematisch. Das Virus kann nicht durch die Haut eindringen. Um sich zu infizieren, ist es nötig, dass das Virus mit den Schleimhäuten in Berührung kommt. Wenn Sie sich daher regelmäßig und besonders nach vermutetem Kontakt mit dem Virus gründlich die Hände waschen, kann auf diesem Weg nichts passieren.

Wie viel Bedeutung Hygiene für Gesundheit und Lebensdauer hat, ist uns in den letzten Wochen wieder vor Augen geführt worden. Dies empfindet Hockertz als positiven Nebeneffekt. (24)

Neben gründlichem Händewaschen empfiehlt er, von Menschen, die Krankheitsanzeichen zeigen, etwas Abstand zu halten. Wie bei der Grippe.

Immer sinnvoll sind Maßnahmen, die das Immunsystem stärken – auch jenseits von Corona. Sonne tanken, soweit Ihnen das möglich ist, zusätzliches Vitamin D, vitaminreiche Kost, Wechselduschen usw. usw.

Und vergessen Sie um Himmels Ihre Seele nicht. Auch wenn man gerade nicht viel für sie tun kann.

Nach dem, was ich gelesen habe, kann ich nicht mehr erkennen, worin die bedeutsamen Unterschiede liegen sollen zwischen einer Infektion mit Corona- und einer mit Influenzaviren. Und weshalb einer Corona-Pandemie höhere Aufmerksamkeit zuteilwerden sollte als einer mit Influenza.

Trotzdem bleibt es ein Stück weit verwirrend. Neben diesen Informationen stehen die aktuellen Bilder. Die schlimmsten davon kommen aus Italien. Und es herrschte die große Angst, dass es bei uns bald ähnlich aussehen könnte.

Das Virus ist viel ansteckender als Grippe und breitet sich viel schneller aus – das war die Befürchtung. Dann lassen Sie uns doch einen kurzen Blick auf die Maßzahl werfen, die seit einigen Wochen so populär ist.

5. Die Reproduktionsrate

Die Reproduktionsrate R gibt an, wieviele andere Menschen durchschnittlich von einer erkrankten Person infiziert werden.

Eine Reproduktionsrate von 2 bedeutet z.B., dass jeder Infizierte – solange er ansteckend ist – das Virus an durchschnittlich zwei Menschen weitergibt.

Nachrichten über rasantes exponentielles Wachstum mit Werten von „über 3" waren dann auch geeignet, uns das Fürchten zu lehren. Wenn aus 100 Infizierten 300-400 Neuinfektionen resultieren und hieraus dann 900-1.600 usw. und das alles in kürzester Zeit – dann ist man schnell bei der Vorstellung, dass die Krankenhäuser kollabieren könnten.

Solange die Reproduktionsrate Werte von größer als 1 annimmt, steigt die Anzahl der akut infizierten Menschen an. Je höher der Wert von R, desto schneller der Anstieg.

Bei Werten kleiner als 1 sinkt die Anzahl der akut Infizierten bis – bei anhaltenden Werten von kleiner als 1 – zum Ende der Welle.

Werfen wir einen Blick auf die Entwicklung dieser Rate in den vergangenen Wochen.

In einem Artikel der Autoren Dr. M. an der Heiden und Dr. O. Hamouda (114) sind die Reproduktionsraten des Corona-Virus für den Zeitraum 02.03.20 bis 09.04.20 in Deutschland zu finden. (114; Seite 14, Abbildung 5).

Der Artikel erschien am 23.04.20. Die gefundenen Ergebnisse basieren auf Daten, die im Zeitraum 01.04.20-12.04.20 erhoben worden sind.

Anfang März lag die Reproduktionsrate bei einem Wert von ungefähr 2. In der Folge stieg sie an und erreichte um den 10./11. März herum einen Wert von über 3.

Seit dem 12. März ist der Wert abfallend. Die magische Grenze von R = 1 wurde dann am 21./22. März erstmalig *unterschritten.*

Seitdem schwankt die Reproduktionsrate um den Wert 1 herum.

Am 23.03. wurde die Maßnahme „Kontaktsperre" eingeführt...

Im Text weisen die Autoren darauf hin, dass eine der Maßnahmen, die dazu geführt habe, dass der Wert seit geraumer Zeit im Bereich R = 1 liegt, die Einführung der Kontaktsperre sei (114).

Aus der Grafik, die aus rechtlichen Gründen nicht abgebildet werden kann, aber jedem interessierten Leser unter der Quellenangabe zur Verfügung steht, ist jedoch deutlich ersichtlich, dass sich zwischen der Kontaktsperre und der Veränderung in der Reproduktionsrate keine kausale Beziehung herstellen lässt.

Ganz ohne Kontaktsperre wurde der Wert von R = 1 unterschritten.

Ob das Verbot von Veranstaltungen und Gottesdiensten, die Schließung von Geschäften, Spielplätzen, Sportvereinen etc. einen Einfluss hatte auf den Rückgang der Reproduktionsrate – und wenn, in welchem Ausmaß – oder ob es sich

40

größtenteils um eine davon unabhängige, normale Entwicklung handelt – das werden wir nie genau wissen.

Gerade zwischen dem 12.03. und 16.03. fällt die Kurve sehr steil ab: von ungefähr 3,3 auf ca. 1,8. Da das weitreichende Maßnahmenpaket bezüglich der Schließung von Geschäften etc. erst am 16.03. beschlossen worden ist, können diese Maßnahmen *nicht* zum starken Rückgang der Reproduktionsrate beigetragen haben. Die einzige Maßnahme der Regierung, die zu diesem Zeitpunkt theoretisch gegriffen haben könnte, ist das Verbot von Veranstaltungen mit über 1000 Teilnehmern.

Nach dem 16. März fällt die Kurve weiter, jedoch etwas abgeflachter. Am 21. März kreuzt sie die wichtige Marke von R = 1 und liegt am 22.03. bei ungefähr 0,9.

Diesen Rückgang könnte man theoretisch ganz oder teilweise auf die bis zu diesem Zeitpunkt erlassenen Maßnahmen zurückführen. Zumindest kann man nicht ausschließen, dass diese zu dem Ergebnis beigetragen haben.

Da die Reproduktionsrate des Virus in der Woche zuvor – bei geöffneten Geschäften und Spielplätzen – aber schon stark rückläufig war, gibt es auch keine Veranlassung, den weiteren Rückgang allein oder zu einem großen Teil auf diese einschränkenden Maßnahmen zurückzuführen.

Bleibt das Thema Kontaktsperre:

Die Unterschreitung des Wertes von R = 1 erfolgte ein bis zwei Tage *vor* der Einführung der Kontaktsperren. Hier ist ein kausaler Zusammenhang auf jeden Fall auszuschließen. Die Pizza, die ich heute esse, kann nicht verantwortlich sein für meine Magenschmerzen von gestern.

Die Autoren weisen in ihrem Text zusätzlich darauf hin, dass die Höhe der Reproduktionsrate möglicherweise *überschätzt* wird, was in Zusammenhang steht mit der erheblichen Erhöhung der Testkapazitäten in Deutschland. Wer intensiver sucht, findet natürlich auch mehr.

Das exponentielle Wachstum der Infektionszahlen bei einer hohen Reproduktionsrate war die ursprüngliche Motivation, überhaupt an Maßnahmen aus dem Infektionsschutzgesetz zu denken. Bei Werten von $R = 1$ oder kleiner ist nicht mehr von einer Überforderung des deutschen Gesundheitssystems auszugehen. Zwar sind zur Beurteilung der aktuellen Lage neben der Reproduktionsrate weitere Parameter heranzuziehen – die absolute Anzahl der Neuerkrankungen und der Anteil der Erkrankten mit schwerem Verlauf sind weitere Indikatoren, die Hinweise geben können auf eine möglicherweise drohende Überforderung des Gesundheitssystems. (114)

Ohne vorzugreifen (Kap. 6), darf man jedoch bereits an dieser Stelle daran erinnern, dass wir ja ein gut funktionierendes Gesundheitssystem *haben*. Auch der Gesundheitsminister sah Deutschland lange Zeit gut aufgestellt. Eine leicht schwankende Anzahl an Neuinfektionen um den Wert von $R = 1$ sollte unser System wirklich nicht überlasten können.

Wie angekündigt, soll es im folgenden Kapitel um das Gesundheitssystem gehen. Wie ausgelastet sind wir denn? Droht uns wirklich der Kollaps?

6. Die Überlastung der Gesundheitssysteme

Die mögliche Überlastung des Gesundheitssystems ist ein oft angeführtes Argument für die Notwendigkeit der Einschränkungen. Die Hauptstrategie bestand in der Verlangsamung der Ausbreitung. Dieses Thema wurde bereits besprochen.

Hier soll es um den Zustand der Krankenhäuser gehen. Wie beansprucht oder überfordert sind denn die Gesundheitssysteme?

Die anfängliche Berichterstattung bestand ausschließlich aus Horrorszenarien. Überfüllte Intensivstationen, medizinisches Personal, das über Leben und Tod entscheiden muss, unglaublich hohe Todeszahlen...

Aus Italien kamen lange Zeit Bilder und Berichte von fast kollabierenden Krankenhäusern. In Deutschland ist der Sturm ausgeblieben – aber dessen Ankunft wurde uns lange prophezeit.

Italien war lange Zeit das von Corona meistbetroffene Land in Europa. Worin bestehen die Gründe dafür, dass es eine derartige Sonderrolle einnimmt? *Ist* es so, dass uns derartige Zustände auch bevorstehen? Oder gibt es signifikante Unterschiede?

Im Folgenden soll zuerst auf die für diese Fragen relevanten Besonderheiten Italiens eingegangen werden, bevor dann die Situation in Deutschland beschrieben wird.

6.1 Italien

Lange Zeit war kein Land härter von der Krise betroffen als Italien. Italien ist gleichzeitig auch das Land in Europa, das den höchsten Anteil an Personen über 64 Jahre aufweist.

Ältere Menschen weisen oft bereits Vorerkrankungen auf. Sowohl höheres Alter als auch Vorerkrankungen gelten als *die* Risikofaktoren für einen schweren Verlauf im Falle einer Infektion.

So fand das italienische Institut für Gesundheit bei der Analyse der Daten von über 2.000 (von insgesamt zu diesem Zeitpunkt knapp 3.000) Todesfällen folgendes heraus (22):

Das Durchschnittsalter der Verstorbenen lag bei 79,5 Jahren. Damit liegt das Durchschnittsalter der Verstorbenen über dem der Lebenserwartung eines heute in Deutschland geborenen Jungen (78,5 Jahre).

Von den über 2.000 Toten waren nur 17 unter 50 Jahre alt. Fünf dieser 17 waren zwischen 30 und 40 Jahren alt. Hierbei handelte es sich ausschließlich um Männer mit schweren Vorerkrankungen.

Bei den vorgefundenen Krankheiten handelte es sich hauptsächlich um hohen Blutdruck, Diabetes und Herzerkrankungen.

Die nähere Betrachtung der Krankenakten von 18 % der Verstorbenen brachte hervor, dass mehr als 75 % der Betroffenen unter hohem Blutdruck litt und mehr als 33 % an Diabetes. Jeder Dritte wies eine Herzerkrankung auf. Bei 25,1 % wurden gleich drei Erkrankungen gefunden, bei 25,6 % zwei.

48,5 % hatten die Diagnose für nur eine Erkrankung. Lediglich in 0,8 % der Fälle konnte keine Vorerkrankung festgestellt werden (22).

Der verhältnismäßige hohe Anteil an älteren Menschen im Land scheint demnach einer der Faktoren zu sein, die in Italien zu den vielen Todesfällen führen. Ältere Menschen haben oft schwere Vorerkrankungen.

Weitere Faktoren sind der Zustand des Gesundheitssystems in Italien im Allgemeinen sowie die Hygiene in den dortigen Krankenhäusern.

Hockertz verweist auf eine Studie des ECDC zu multiresistenten Krankenhauskeimen. Jedes Jahr sterben Menschen, die mit vergleichsweise harmlosen Diagnosen (z.B. gebrochener Arm) in ein Krankenhaus gehen, weil sie sich im Krankenhaus mit diesen Keimen, gegen die Antibiotika wirkungslos sind, anstecken. (24)

Das Auftreten dieser Keime in einem Krankenhaus steht in direktem Zusammenhang mit der dort herrschenden Sorgfalt in Hygienefragen.

Laut ECDC steht Italien europaweit an der Spitze hinsichtlich der Todesfälle aufgrund von multiresistenten Krankenhauskeimen. Jedes Jahr sterben dort fast 11.000 Menschen an ihrem Aufenthalt im Krankenhaus. Das sind Todesfälle, die durch eine Verbesserung der Hygienestandards vermieden werden könnten. Jährlich!

Frankreich liegt auf Platz zwei der Liste mit mehr als 5500 Toten. Deutschland zeigt auch noch Verbesserungsbedarf in der Hygiene in Krankenhäusern und verzeichnet jährlich mehr als 2.300 Todesfälle. Die Niederlande kommen gerade mal auf 206. (13; 102).

EU-weit sind es im Jahr über 33.000 Menschen, die an den Folgen einer Infektion mit antibiotikaresistenten Keimen sterben (2).

Zurück zur aktuellen Situation:

Zusammengefasst kann man sagen, dass in Italien gerade viele alte und schwerkranke Menschen sterben, die sich in Einrichtungen befinden, in der man europaweit die höchste Wahrscheinlichkeit hat, sich Bakterien einzufangen, an denen man – gerade, wenn man alt und schwach ist – leicht versterben kann.

Und weil man bei ihnen auch das Corona-Virus nachgewiesen hat, sind sie an Corona gestorben? Es ist leicht vorstellbar, dass die hygienischen Verhältnisse aktuell noch schlechter sind als ohnehin schon. Alle sind überfordert, funktionieren nur noch, machen Doppelschichten... Im Umgang mit dem Corona-Virus ist Hygiene jedoch oberste Maßgabe.

Viele der in Italien aufgetretenen Todesfälle treten auf, *weil* sich die Menschen in einem Krankenhaus befinden.

Daher sagt Hockertz: „Die Menschen sterben nicht *an*, sondern *mit* Corona" (24). Weil sie einerseits schon sehr alt und in einer Verfassung sind, die erwarten lässt, dass das Leben bald zu Ende ist, und andererseits durch ihren Aufenthalt im Krankenhaus Opfer einer Infektion werden.

Es spielt nämlich aktuell keine Rolle, an welcher *Ursache* ein Mensch verstorben ist. Um das genau festzustellen, bräuchte man Zeit und Kapazität. Beides ist gerade nicht vorhanden. Und so wird jeder, der – neben vielen anderen Dingen – *auch* mit Corona infiziert ist, als „Corona-Opfer" gezählt.

Zu der Vielzahl der Opfer auf der einen Seite kommen Defizite im Gesundheitswesen auf der anderen. Speziell hinsichtlich der Behandlung von Schwerkranken ist Italien schlecht aufgestellt. Es stehen gerade mal 5.100 Betten auf Intensivstationen zur Verfügung; in Deutschland waren es schon vor der Corona-Aufstockung mehr als 28.000 (103).

Entsprechend stellt Hockertz fest, dass die Überforderung und Überlastung der italienischen Krankenhäuser keine einzigartige Begleiterscheinung von Corona ist. Im Gegenteil: Hockertz spricht von einem chronischen Zustand der Überlastung. Jede Grippewelle führt das Land an seine Grenzen. Der Unterschied zu Corona sei lediglich, „dass man es uns hier nicht zeigt" (24).

Corona ist zwar in der vorliegenden Form neu, das bedeutet aber nicht, dass man sich nicht auf eine Infektionswelle hätte einstellen können. Auch ohne stark veränderte Virenvarianten – die nächste Grippe kommt bestimmt.

Dennoch wurde in Italien – wie in vielen anderen Ländern auch – in den letzten Jahren sehr bei Ausstattung und Personal gekürzt. (25). Es ist bekannt, dass die intensivmedizinische Ausstattung schlecht ist. Es ist auch bekannt, dass es regelmäßig Grippewellen geben wird, die an die Grenzen führen.

Wie soll man das interpretieren? Sind die Toten und die berstenden Krankenhäuser jenseits der bereits eingetretenen Katastrophe egal? Aus den Augen, aus dem Sinn? Warum wird nicht an einer Veränderung der Situation gearbeitet?

Ich glaube, da geht es den Politikern wie mir. Sie haben von den Grippewellen gar nicht viel mitbekommen.

Es scheint einfach „normal" zu sein. Es ist, wie so oft: Die Leidtragenden sind andere als die, die das Leid mindern könnten.

Eine Grippewelle wird nichts sein, was normalerweise die Aufmerksamkeit der Politiker auf sich zieht. Ich kann mir gut vorstellen, dass Ärzte, Krankenschwestern und das übrige medizinische Personal in unregelmäßigen Abständen unter solchen Situationen leiden, wie wir sie jetzt im Fernsehen sehen. Nur sind sie dann nicht in den Medien. Wenn man einerseits die intensivmedizinische Ausstattung Italiens betrachtet und andererseits die Anzahl der Opfer, die Grippewellen fordern, ist kaum ein anderer Schluss möglich.

Und warum wird dann nichts verändert? Weil die, die etwas an der Situation verändern könnten, viel weiter weg sind. Sie kriegen davon nichts mit. Dann ist nicht „Italien" überfordert, sondern nur die einzelnen Krankenhäuser. Und das sehen wir im Fernsehen nicht.

Sie kennen diese Situation auch aus Deutschland. Mindestens aus dem Bereich der Altenpflege. Jahrelang hat man immer mal wieder von furchtbaren Situationen für die Senioren und das Pflegepersonal gehört. Extreme personelle Unterversorgung, die sich in großem Stress auf Seiten des Pflegepersonals und Defiziten in der Versorgung auf Seiten der Bewohner niedergeschlagen hat. Bis vor Kurzem sind ihre Rufe ungehört verhallt. Wie groß das Leid für Personal und Senioren wirklich war, wie es sich angefühlt hat, tagtäglich damit umgehen zu müssen, das wissen nur die Betroffenen.

6.2 Deutschland

In Deutschland bleibt die Überlastung der Krankenhäuser aus. Zum einen haben wir europaweit die meisten Krankenhausbetten, außerdem ist der hygienische Standard in deutschen Krankenhäusern um einiges besser als in südeuropäischen und zuletzt haben wir im Vergleich zu Italien auch einen geringeren Anteil an alten Menschen. Es sind also grundsätzlich weniger Menschen gefährdet. Allerdings warnen Virologen und auch der Gesundheitsminister, dass uns die schwere Zeit noch bevorsteht (Stand 02.04.20).

Aber noch ist es nicht soweit. Es ist sogar so, dass wir in der Lage sind, stärker betroffenen Nationen Unterstützung zu leisten und schwerkranke Patienten einfliegen, um sie in deutschen Krankenhäusern behandeln zu lassen. Aber wie sieht es denn jenseits von Corona mit der Versorgung in deutschen Krankenhäusern aus?

Die Todesfälle aufgrund von antibiotikaresistenten Keimen in Krankenhäusern wurden bereits im Abschnitt „Italien" thematisiert. Für Deutschland lag die Zahl bei über 2.300 Menschen. Erweitert man den Bereich auf alle nosokomialen (im Krankenhaus erworbenen) Infektionen, liegt die Zahl betroffener Patienten nach Angaben des RKI (14) bei zwischen 400.000 und 600.000 Patienten pro Jahr in Deutschland. Hiervon sterben jährlich zwischen 10.000 und 20.000 Menschen. Hierfür gibt es verschiedene Ursachen und längst nicht alle sind vermeidbar.

Laut RKI ist es schwierig, die Zahl der Patienten zu bestimmen, die an nosokomialen Infektionen gestorben sind, da viele der betroffenen Patienten bereits schwere

Vorerkrankungen haben, die auch ohne die hinzugekommene Infektion häufig zum Tode führen. (14)

Genau! Ältere Menschen mit schweren Vorerkrankungen haben ein hohes Risiko zu sterben. Und dann kann es mitunter schwierig sein, das Ausmaß der einzelnen Einflussfaktoren zu bestimmen. Das gilt auch für Corona.

Während man allerdings bereits fieberhaft an der Entwicklung von Medikamenten arbeitet, wir also wahrscheinlich in der nächsten Corona-Saison besser aufgestellt sind, treten die Todesfälle, die aus Infektionen im Krankenhaus resultieren, jedes Jahr in ähnlicher Höhe auf.

Auch, wenn die hygienischen Verhältnisse in deutschen Krankenhäusern besser sind als in Italien, kann man festhalten:

- Der Aufenthalt in einem Krankenhaus ist allgemein mit einem höheren Infektionsrisiko verbunden.

- Menschen in höherem Alter und mit schweren Vorerkrankungen haben im Falle einer nosokomialen Infektion eine höhere Wahrscheinlichkeit für einen schweren Verlauf

Gehen wir noch einmal zurück zur Auslastung der Krankenhäuser:

Es ist ein großer Akt der Solidarität, eigene freie Kapazitäten zur Verfügung zu stellen, wenn bei den Nachbarn die Katastrophe schon eingetreten ist. Jedem der Patienten sei von Herzen Hilfe gegönnt. Allerdings wirken die Prophezeiungen bezüglich der Krisenentwicklung in Deutschland durch diese Aktion unglaubwürdig.

Was würde man denn mit diesen eingeflogenen Patienten machen, wenn tatsächlich in Kürze bei uns ähnliche

Zustände eintreten würden wie in Italien? Immerhin sind bei schweren Krankheitsverläufen (und nur die behandeln wir ja) Behandlungszeiträume von drei bis sechs Wochen (26) zu erwarten.

Man kann sie ja schlecht zurückgeben. Und man könnte den Deutschen jetzt auch nicht erklären, dass – im Fall einer tatsächlichen eingetretenen Notlage – für die deutschen Patienten kein Platz ist, weil man aktuell noch die Nachbarn versorgt. Dass die Notlage selbstverschuldet ist.

Schließlich sollen wir uns ja genau deshalb beschränken. Damit es keine Überfüllung auf den Intensivstationen gibt. Und dieselben Menschen, die von uns heute extreme Beschränkungen verlangen, riskieren eine Überfüllung der Krankenhäuser, indem sie die Kapazitäten anderer zur Verfügung stellen? Das kann ich mir einfach nicht vorstellen.

Das umfangreiche Einfliegen ausländischer Patienten (117 Menschen, Stand 03.04.20) (103) zeigt mir, dass niemand mehr wirklich davon ausgeht, dass die Zustände in Deutschland sich tatsächlich noch drastisch verschlimmern.

Update vom 11.04:

„Zeit.de" berichtet, dass in einem Hamburger Krankenhaus zwei Stationen so gut wie leer sind. Man hatte die Stationen für Corona-Patienten freigehalten. Auf diesen zwei Stationen liegen insgesamt zwei Patienten mit dieser Diagnose. Es gibt nichts zu tun. Das Personal wurde, wenn möglich, in Kurzarbeit geschickt.

Ein Einzelfall ist das nicht. Eine Pflegerin erzählt, dass ihr viele Kolleginnen ebenfalls von „gähnender Leere" in Krankenhäusern berichten. (34)

Dennoch hat das medizinische Personal in deutschen

Krankenhäusern Mitgefühl verdient. Trotz niedriger Patientenzahlen dürften sich viele in Dauerstress befinden. Der Grund liegt in den sich ständig verändernden Anweisungen der Gesundheitsämter, die von den Krankenhäusern umgesetzt und gegenüber Patienten und Angehörigen kommuniziert werden müssen.

Update vom 28.04.:

Der Gesundheitsminister gibt bekannt, dass die Krankenhäuser wieder in den normalen Betrieb gehen sollen. Verschobene Operationen sollen ab sofort wieder stattfinden. Die Bereitstellung zusätzlicher Plätze für Corona-Patienten soll zurückgeschraubt werden (105).

7. Behandlung von Corona

Forscher in aller Welt suchen fieberhaft nach einem Heilmittel für Corona-Infektionen. Doch noch steht kein eindeutig geeignetes Medikament zur Verfügung.

Verschiedene Medikamente, die sich im Kampf gegen andere Krankheiten bewährt haben, werden bezüglich ihrer Wirksamkeit bei der Behandlung einer Corona-Infektion überprüft. In der engeren Auswahl sind Mittel gegen Malaria, Ebola, Rheuma, AIDS und Grippe. Sollte sich eines als nützlich erweisen, wäre viel Zeit gespart, da diese Medikamente schon klinisch getestet sind. (90; 91)

Auch in Deutschland laufen aktuell verschiedene klinische Studien, in denen verschiedene Wirkstoffe hinsichtlich ihrer Wirksamkeit und ihrer Nebenwirkungen bei der Vergabe an Corona-Patienten untersucht werden.

In den USA hingegen wurde Ende März der Einsatz eines Malariamittels – Hydroxychloroquin – für stationäre Patienten auch außerhalb klinischer Studien erlaubt. Eine aktuelle Studie kommt jedoch zu dem Ergebnis, dass die Verabreichung des Mittels nicht nur nicht hilft, sondern sogar die Sterberate drastisch erhöht (76).

Unter Einsatz des Mittels starben 28 % der Patienten, während es in einer Gruppe, die ohne Hydroxychloroquin therapiert wurde, nur 11 % waren.

Aktuell (02.05.) planen die USA den Einsatz eines Medikaments, das ansonsten im Rahmen einer Ebola-Erkrankung verabreicht wird: Remdesivir.

Hier hat eine Studie ergeben, dass die Vergabe von Remdesivir die Erkrankungsdauer verkürzt. Die Genesung tritt durchschnittlich vier Tage früher ein (77). Inwieweit sich das Mittel bewährt oder ob mit der Zeit Nachteile ans Licht treten, muss abgewartet werden.

Lange Zeit galten vielerorts Beatmungsgeräte als wichtig(st)es Arbeitsmittel zur Behandlung von Patienten mit schwerem Verlauf. Mit der Zeit häuften sich jedoch die Berichte darüber, dass der Einsatz von Beatmungsgeräten die Sterberate deutlich erhöht (78).

Wie der „Merkur" (78) berichtet, verweisen Experten auf eine hohe Sterblichkeit im Zusammenhang mit dem Einsatz dieser Geräte bei schweren Atemnotsyndromen: Zwischen 40 bis 50 % der intubierten Patienten sterben.

Im Zusammenhang mit Corona ist diese Zahl teilweise noch höher: In der Stadt New York starben vier von fünf Patienten, die auf diese Art behandelt wurden.

Es wird sich zeigen, ob der Verzicht auf Intubation Einfluss auf die Sterberate hat. Denn mittlerweile versuchen die Ärzte in vielen Ländern, weitmöglichst ohne den Einsatz von Beatmungsgeräten zu behandeln.

Anders in Deutschland.

Wie das Politikmagazin „Monitor" in seiner Sendung vom 30.04.20 berichtet, wird Ärzten in Deutschland nach wie vor empfohlen, bei schweren Verläufen möglichst früh zu intubieren. (99)

Die Deutsche Gesellschaft für Anästhesiologie und Intensivmedizin (DGAI) benennt in ihrem Informationsblatt für Patienten und Angehörige die Beatmung als „nahezu einzige Möglichkeit", Patienten mit schwerem Verlauf zu behandeln, solange es an Medikamenten fehle (80). In ihren Empfehlungen zur intensivmedizinischen Behandlung, die sich an behandelnde Ärzte richtet, nennen sie *„frühe Intubation und wiederholte Bauchlagerung"* als wichtige Therapieelemente (81).

Die Empfehlungen der DGAI haben durchaus Einfluss darauf, welche Methoden Klinikärzte in konkreten Behandlungssituationen auswählen. Schon, um im Zweifel rechtlich auf der richtigen Seite zu stehen, werden sich viele Mediziner an diese Empfehlungen halten. Nach Angaben des RKI werden von den 2.105 Patienten, die aktuell (02.05.20) intensivmedizinisch behandelt werden, dann auch 1.508 beatmet. Das sind 72 % der Fälle. (83)

Die invasive Beatmung ist für den Körper eine Tortur. Und es ist – auch außerhalb von Corona – eine gefährliche Maßnahme, bei der häufig Folgeschäden resultieren.

Sicherlich ist der Einsatz von Beatmungsgeräten in manchen Fällen unumgänglich. Aber sollte die Empfehlung tatsächlich lauten, möglichst früh zu diesem Mittel zu greifen?

Der Palliativmediziner Dr. Matthias Thöns begleitet Menschen, die am Ende ihres Lebens stehen. Auch er kommt in der Sendung zu Wort. Er kritisiert, dass sich in der Behandlung von Patienten mit schwerem Verlauf zu wenig um den Willen des Patienten und ein individuelles Behandlungsziel gekümmert werde. Vielmehr gerieten hochbetagte Patienten mit Vorerkrankungen in einen „intensivmedizinischen Automatismus" (99).

Es wird nicht nach Sinnhaftigkeit gefragt und auch nicht danach, was der Patient möchte. So sterben viele der beatmeten Patienten oder überleben mit Schäden, die sie durch die Beatmung davongetragen haben. Leben muss um jeden Preis verlängert werden.

Ein schmerzfreier Tod in hohem Alter auf der einen Seite oder Sterben nach einer brutalen Tortur bzw. die Erfahrung der Tortur und Überleben mit Folgeschäden auf der anderen. Der ein oder andere hätte vielleicht eine palliativmedizinisch unterstützte Sterbebegleitung vorgezogen und auf diese Erfahrung verzichtet.

Inwieweit man in diese Mühlen gerät, ist ein wenig von Glück oder Zufall abhängig. Es braucht manchmal nur einen leitenden Arzt, der sich ein eigenes Bild macht und den Mut hat, von den Empfehlungen der großen medizinischen Gesellschaften abzuweichen.

Ein Glücksfall, wenn es jemanden in die Lungenklinik Neustadt verschlägt. Die von Professor Dr. Gerhard Laier-Groeneveld erläuterte Strategie der Klinik stellt das Gegenteil dessen dar, was von der DGAI empfohlen wird. Hier versucht man alles, um die künstliche Beatmung von Patienten zu vermeiden. (99)

Die Klinik hat vor einiger Zeit vier schwerstkranke Patienten aus Frankreich aufgenommen. Sie kamen bereits intubiert in der Klinik an. Dort hat man sie schnellstmöglich von der künstlichen Beatmung entwöhnt und mit anderen Methoden behandelt. Mittlerweile konnte ein Teil der Patienten die Klinik bereits wieder verlassen. Insgesamt ist in der Lungenklinik Neustadt noch kein Corona-Patient verstorben (99).

Zurück zu den Empfehlungen der DGAI. Den Ärzten das möglichst frühe Intubieren zu empfehlen, ist schon gefährlich genug. Speziell jüngere, unerfahrene Ärzte, die noch nicht ausreichend über eigene Erfahrungen verfügen, um sich ein eigenes Bild machen zu können, werden den Vorgaben gefolgt sein und es auch weiterhin tun.

Viel schlimmer ist jedoch die Benennung der Intubation als „nahezu einzige Behandlungsmöglichkeit" bei schweren Verläufen im Informationsblatt für Patienten. Weder Patienten noch deren Angehörige sind normalerweise in der Lage, eine solche Aussage kritisch zu bewerten und *müssen* sich auf diese Empfehlungen verlassen.

Da andere Kliniken offensichtlich auch andere Behandlungswege kennen, ist die Aussage schlicht und ergreifend falsch und stellt eine Irreführung der Patienten dar. Ich hoffe, dass möglichst wenig Menschen schwerwiegende Entscheidungen auf der Basis solcher Informationen treffen mussten.

8. Wer rechnen kann, ist klar im Vorteil

Der hat nämlich überhaupt keinen Anlass zur Panik.

Deutschland hat ca. 83,1 Millionen Einwohner. Von diesen 83,1 Millionen sind aktuell (09.04.20) 108.202 Menschen nachweislich infiziert. (32)

Also ist das Virus bisher bei 0,1302 % der Bevölkerung nachgewiesen worden.

Der tatsächliche Anteil der Infizierten liegt deutlich höher. Das wiederum ist überhaupt kein Problem. Denn es ist davon auszugehen, dass diese Menschen keine großen Probleme mit der Krankheit gehabt haben.

Daher sollten wir die Dunkelziffer nicht fürchten, sondern uns freuen, dass es sie gibt. Denn ihre Existenz hat einige Vorteile:

Da aktuell wohl jeder Verstorbene auf Corona getestet wird, wird die Dunkelziffer so gut wie keine Verstorbenen beinhalten. Wenn aber die Dunkelziffer die Zahl der tatsächlich Infizierten erhöht, während die Zahl der Verstorbenen nahezu unverändert bleibt, wirkt sich das sehr positiv auf die Fallsterblichkeit aus.

Nach überstandener Krankheit ist man immun gegen das Virus und kann dazu beitragen, die schnelle Ausbreitung des Virus zu unterbrechen.

Zurück zum Rechnen: Von diesen 0,1302 % der Bevölkerung, die bislang nachgewiesenermaßen infiziert sind, ist ein Teil gestorben und ein anderer Teil bereits genesen.

Betrachtet man Erstere, stellt man Folgendes fest: In Deutschland sind bislang (Stand 09.04.) 2.107 Menschen mit Virusnachweis gestorben. Bezieht man dies auf die Zahl aller bekannten Infektionen, erhält man eine Fallsterblichkeit von 1,947 %.

Bezogen auf die Einwohner der Bundesrepublik sind es 0,0025 %.

Wenn man also Faktoren wie Alter und Krankheit außer acht lässt, lag bis dahin das Risiko dafür, dass es genau Sie trifft, bei 0,0025 % (Stand: 09.04., abgerufen am 10.04.)

Ihr – von Corona unabhängiges – Risiko, überhaupt zu sterben, liegt da deutlich höher. Und dieses Risiko tragen Sie jedes Jahr, ohne deshalb in Panik zu geraten.

Nach Angaben von „Statista" sind in Deutschland im Jahr 2018 insgesamt 954.874 Menschen gestorben. Gleichzeitig lebten hier 83.019.000 Menschen. Sie waren auch darunter.

Ihre persönliche Wahrscheinlichkeit, in der Verstorbenenstatistik aufzutauchen, lag – Alter und Krankheiten unberücksichtigt gelassen – bei 1,1501%. Ihr Risiko, 2018 zu sterben, war also damals 60 x höher als Ihr bisheriges Risiko, (Stand 09.04.20), an der aktuellen Corona-Welle zu versterben.

Da Sie diesen Text lesen können, darf ich wohl davon ausgehen, dass Sie 2018 überstanden haben.

Jetzt kommen noch andere Faktoren hinzu, was sich dann auch auf die Wahrscheinlichkeiten auswirkt.

Der Altersdurchschnitt der in Deutschland mit Virusnachweis Verstorbenen liegt aktuell bei 82 Jahren (Stand

09.04.20). Sollten Sie zu den älteren Menschen gehören und/oder bestimmte Vorerkrankungen haben, erhöht sich Ihr Risiko. Stark. Für alle anderen sinkt es dementsprechend noch einmal. Und es war doch vorher schon eine verschwindend geringe Zahl!

Ein Altersdurchschnitt von 82... Viele der Betroffenen standen demnach an einem Punkt, der das Ende des Lebens erahnen lässt. Dennoch werden die meisten Verstorbenen ohne weitere Überprüfung als am Virus verstorben gezählt. Hamburg nimmt mittlerweile Obduktionen vor (106). Dabei wurde festgestellt, dass die Virusinfektion oft „nur der letzte Tropfen" (106) war, der sich zur Ausgangsverfassung hinzuaddiert hat.

Betrachtet man das Alter der Verstorbenen genauer, stellt man fest, dass 102 Verstorbene unter 60 sind (32). Ob diese Menschen Vorerkrankungen hatten, ist mir unbekannt.

In Deutschland gab es 2018 (aktuellere Zahlen liegen noch nicht vor) 59.640.000 Menschen unter 60. An alle Menschen unter 60: Die Zahl von 2018 zugrundegelegt, betrug demnach (bis zum 09.04.20) Ihr Risiko, an der aktuellen Corona-Welle zu versterben 0,00017 %.

Es steigt etwas für alle mit Vorerkrankungen und für Raucher. Es sinkt nochmal für alle anderen.

0,00017 % sind Anlass zur Sorge? Ich bitte Sie.

Wenn Ihr Partner Sie anruft und sagt „*Schatz, mit einer Wahrscheinlichkeit von 99,99983% werde ich heute befördert.*", dann würden Sie sich doch freuen und schon mal den Sekt kaltstellen.

Die o.g. Zahlen werden steigen. Die Welle ist ja noch nicht zu Ende. Aber machen Sie sich Folgendes vorab schon mal bewusst: Am 09.04. waren Sie schon geraume Zeit in Angst oder sogar Panik. Und die Zahlen haben dafür keinerlei Anlass gegeben.

Betrachten wir die berstenden Kapazitäten des Gesundheitssystems, ebenfalls am 09.04.:

Laut Angaben des RKI (32) sind aktuell (09.04.20) 1.888 Menschen wegen Corona in intensivmedizinischer Behandlung. 7.039 Betten sind aktuell frei.

Zur Beschreibung der *abgeschlossenen* intensivmedizinischen Behandlungen gibt das RKI zum 09.04. den Wert von 1.939 an. Demnach kann auch für die Vergangenheit nicht von einer Überforderung des Gesundheitssystems ausgegangen werden.

Von den 1.939 Behandlungen, die bereits abgeschlossen sind, endeten 579 mit dem Tod des Patienten. Das bedeutet, dass von 10 Patienten, die wegen der Schwere ihrer Corona-Infektion auf die Intensivstation kommen, sieben erfolgreich behandelt werden und die Intensivstation auch wieder verlassen.

Das ist doch auch eine gute Nachricht!

Wenn man allerdings die täglichen News verfolgt, ist nachvollziehbar, dass viele Menschen weiterhin Angst haben. Nicht, weil die wirklichen Zahlen schlecht sind. Im Gegenteil. Das haben Sie ja gerade gesehen.

Aber sowohl die Zahlen als auch die Rahmeninformationen werden Ihnen auf eine Art präsentiert, die nur dazu führen *kann*, dass Sie sich sorgen. Man findet auch anderes. Aber während Ihnen die einen ständig präsentiert werden, muss man nach den anderen suchen.

Zahlen können beruhigen. Ich nehme an, der ein oder andere konnte bei der Lektüre des vorangegangenen Textes ein bisschen herunterfahren.

Vielleicht wollen Sie die Zahlen auch nicht glauben. Immerhin muss ich gegen mehrere Wochen Medien anreden. Es haben sich unglaubliche Zahlen in ihren Köpfen breitgemacht, die ihre Wirkung nicht verfehlen. Dass es sich dabei oft nur um Szenarien handelte und nicht um Fakten, spielt keine Rolle.

Ich habe die Zahlen genommen, die das RKI zur Verfügung stellt. Also des Instituts, auf das sich auch die Regierung verlässt.

Aber Zahlen wollen interpretiert werden. Man muss sie immer im richtigen Zusammenhang sehen. Hätte ich im obigen Text lediglich die Zahl der unter 60-jährigen genannt, hätten Sie – vor allem nach der Berichterstattung der letzten Wochen – vielleicht nur gedacht: „Siehste, es ist *doch* gefährlich für Menschen unter 60. Über 100 Menschen sind gestorben..."

Ja, theoretisch hätten Sie, vor allem mit Vorerkrankungen, Teil dieser Gruppe von 102 Personen sein können. Wahrscheinlicher ist aber, dass Sie Teil der übrigen 59 Millionen Menschen in dieser Altersgruppe sind.

Und das sagt man Ihnen nicht.

Über 100.000 Infizierte... hört sich viel an. Wie gesagt, am 09.04. waren es 0,132 % der Bevölkerung. Infiziert. Nicht tot.

Was glauben Sie denn, wie viele Tests bei den über dreieinhalb Millionen Menschen, die in Deutschland von Januar bis April 2015 wegen Grippesymptomen krankgeschrieben worden sind, positiv gewesen wären, hätte man die Tests denn gemacht? Da geht es ja nur um die Infizierten, die mindestens mittelschwere Symptome hatten. Die Dunkelziffer ist darin ja noch gar nicht enthalten!

Ich kenne diese Zahl auch nicht. Aber ich bin sicher, Sie und ich, wir würden vom Stuhl fallen, würden wir sie kennen. Und Corona danach einfach nicht mehr ernst nehmen.

Aber man hat die Tests nicht gemacht. In welchem Umfang während einer Grippewelle auf Influenza getestet wird, hängt laut der AGI von verschiedenen Faktoren ab (30).

Einer davon ist die Aufmerksamkeit für das Virus in der Öffentlichkeit. Höhere Aufmerksamkeit gleich mehr Tests.

Ist das nicht interessant?

Aufgrund der durch Politiker und Medien erzeugten Angst vor Corona ist die Aufmerksamkeit in der Öffentlichkeit gestiegen. Dies führt dazu, dass vermehrt Tests durchgeführt werden. Werden vermehrt Tests durchgeführt, erhält man logischerweise auch mehr positive Ergebnisse. Die steigern dann wieder die Angst und die Aufmerksamkeit usw. usw.

Immerhin haben Sie dadurch gerade die einmalige Chance, einem Virus bei der Arbeit zuzusehen. Erlebt haben sie das schon x-mal, aber damals waren Sie ja nicht aufmerksam. Ich sag ja: armes Stiefkind Influenza.

Über 20.000 Menschen sterben innerhalb von wenigen Monaten, ohne dass wir das mitbekommen. Weil es nicht in den Medien ist, maximal als Randnotiz. Die Krankenhäuser werden damals mit Sicherheit stark belastet gewesen sein. Und die einzigen, die das mitbekommen haben, sind Patienten, Angehörige und vor allem Ärzte und Pflegepersonal. Überall sind mit Influenza infizierte Menschen herumgelaufen. Die nichts davon wussten.

Und wir haben ganz normal weitergelebt. Wenn man sich dagegen ansieht, was jetzt gerade geschieht,... irgendwie faszinierend.

Sie können sich natürlich gerne weiterhin in der Angst wälzen. Botschaften wie „Ja, aber man weiß noch nicht dies, man weiß noch nicht das...", tragen dazu bei, dass das funktioniert.

Wann weiß man denn alles im Leben? Die Zahlen sprechen eine eindeutige Sprache. 100 % Sicherheit gibt es nirgendwo.

Wenn Sie zum Bäcker gehen, wollen Sie ja vorher auch keine Garantie dafür, dass Sie auf dem Weg nicht überfahren/überfallen/entführt/ausgeraubt werden. Unmöglich sind solche Ereignisse nicht. Aber eben sehr unwahrscheinlich. Und darum gehen Sie einfach. Weil Sie wissen, dass es nicht lohnt, sich über sehr unwahrscheinliche Dinge Gedanken zu machen.

Alternativ können wir auch dazu übergehen, zukünftig jede Grippewelle ähnlich zu bewerten wie aktuell das

Corona-Virus. In Frankreich bricht dann alle paar Jahre der Krieg aus. Dann fahr *ich* da aber nimmer hin.

Normalerweise ist es Aufgabe der Politik, derartige Zahlen und Fakten sachlich zu transportieren. Das hat, vorsichtig ausgedrückt, diesmal nicht so ganz geklappt.

Die Kanzlerin rückt die Bedrohung durch Corona in die Nähe des Zweiten Weltkriegs, Macron spricht von Krieg, um die größten Aufhänger zu nennen. Aber keine Panik.

Nein? Ich bin im Krieg und ich soll nicht in Panik geraten? Wenn nicht jetzt, wann dann? Die Macht der Sprache....

So scheint es dann auch so zu sein, dass viele kopflos werden. Das Virus ist nur durch Tröpfcheninfektion und vielleicht durch indirekten Kontakt über kontaminierte Oberflächen und nachfolgendem eigenem Aufbringen auf die Schleimhäute übertragbar. Eine Übertragung durch die Atemluft ist unwahrscheinlich. Der reine Kontakt zum Virus mit den Händen ist unproblematisch, wenn Sie sich danach die Hände waschen. Feine Unterschiede, die niemand mehr wahrnimmt. Wozu das führt, dazu mehr in Teil B.

Auch der Unterschied zwischen infiziert und tot scheint marginal zu sein. Der Gedanke, sich mit dem Virus anzustecken, ist für viele gleichbedeutend mit „so gut wie tot". Dabei ist es für die allermeisten Menschen kein Problem, Virusträger zu sein. Infiziert heißt noch lange nicht erkrankt, erkrankt noch lange nicht ernsthaft erkrankt und Letzteres noch lange nicht tot.

Gucken Sie sich die Zahlen ruhig nochmal an...

Im Umgang mit dem Virus gibt es schon lange keine rationale Basis mehr. Falls es überhaupt jemals eine gab.

Obwohl anfangs keine belastbaren Zahlen vorlagen, wurde an vielen Stellen mit hohen Zahlen jongliert. Es lagen keine verlässlichen Zahlen vor, dennoch hat jeder so getan, als wüsste er Bescheid.

Furchterregende Zahlen kursierten, die natürlich ihre Spuren in den Köpfen der Menschen hinterlassen haben. Ein Beispiel hierfür sind die von der „Deutschen Gesellschaft für Epidemiologie" im März genannten 1.000.000 Patienten, die wir in 100 Tagen auf unseren Intensivstationen zu erwarten hätten. Nur in Deutschland! Kurze Zeit später wurde diese Meldung korrigiert. Dennoch hatten die Medien diese Zahl bereits aufgegriffen. (37)

Der Gesundheitsstatistiker Gerd Bosbach macht seinem Ärger über diese und andere reißerische Selbstdarstellung solcher Experten Luft, indem er sich wünscht, man würde „manchen Wissenschaftlern ... Kamera oder Mikrofon entziehen". (37).

Jeder will ins Rampenlicht. Alles schaukelt sich gegenseitig hoch. Man fragt nicht mehr nach Wahrscheinlichkeiten, sondern will *Beweise* dafür, dass das schlimmstmögliche Szenario nicht eintritt.

Wenn Sie dies auf alle Situationen in Ihrem Leben anwenden würden .... Sie kämen nicht mehr vor die Tür.

Es gab anfangs keine belastbaren Zahlen. Aber das kann ja kein Grund sein, mittlerweile vorliegende Daten für alle Zukunft außer acht zu lassen.

Teil B: Der Mensch

Wir starren alle auf die Außenwelt. Virus hier, Virus da...
Viel interessanter ist doch, was in uns los ist.

Was macht diese Zeit mit uns? Warum reagieren wir, wie
wir reagieren? Warum ist diese Krise schwieriger zu
bewältigen als vieles andere, was wir bisher ausgehalten
haben?

Ziel des zweiten Teils ist es, diese Fragen von verschiedenen Seiten zu beleuchten.

Den Anfang macht die Emotion, mit der wir uns mittlerweile leider nur allzu gut auskennen.

9. Angst

Die Angst ist eingezogen. In unsere Köpfe und in unser Leben. Angst vor Ansteckung. Vor der Zukunft. Vor dem Tod.

Angst hat erstmal eine wichtige Funktion. Sie warnt uns vor gefährlichen Situationen, lässt sie uns meiden oder bekämpfen und trägt auf diese Art zu unserem Überleben bei. Hätten wir nicht diese eingebauten Mechanismen, die uns anzeigen, wann eine Situation bedrohlich ist – wir würden nicht besonders alt.

Wir würden vielleicht auf Autobahnen tanzen (nicht lange), Tiger streicheln (ebenfalls nur kurz), den Muskelprotz von gegenüber mit „Deine-Mutter-Witzen" provozieren (kommt drauf an) oder aus einer spontanen Idee heraus versuchen, uns ein zweites Standbein als Schwertschlucker aufzubauen.

Wenn wir in einer Situation starke Angst verspüren, schließen wir daraus, dass die Situation tatsächlich gefährlich ist. Warum sollten wir sonst Angst haben? Es muss doch einen Grund für dieses Gefühl geben.

Einen Grund gibt es auch. Immer. Allerdings muss dieser nicht unbedingt in der Situation liegen.

Für die Erzeugung von Angstgefühlen ist es völlig ausreichend, wenn *wir davon überzeugt* sind, bedroht zu sein. Der Körper macht in seinen Reaktionen keinen Unterschied zwischen Ängsten, die eine reale Bedrohung anzeigen, und solchen, von denen wir nur *glauben*, dass die Bedrohung real ist.

Wenn Sie eine Situation als bedrohlich bewerten, erzeugt Ihr Körper die entsprechenden Reaktionen. Das Geheimnis liegt also in der Bewertung der Situation.

Was wir glauben oder denken beeinflusst demnach, wie wir uns fühlen.

Es gilt also, sich einen möglichst objektiven Eindruck von der angeblichen Gefahrensituation zu verschaffen. Wenn wir allerdings bereits in Panik sind, ist es gar nicht so leicht, innerlich davon zurückzutreten und die Dinge einfach mal logisch zu betrachten.

„Keine Angst haben" wird oft mit Mut gleichgesetzt. Aber das trifft nicht zu. Auch der Mutige kann Angst haben. Nur hat er sie eben nicht in übertriebenem Ausmaß. Mit unsicheren Situationen setzt er sich auseinander, indem er die mit ihnen verbundenen Risiken realistisch betrachtet. Wenn er zu dem Schluss kommt, dass seine Chancen gut genug sind, geht er das Risiko ein. Wenn nicht, dann nicht. Würde er es dennoch machen, wäre er nicht mutig, sondern lebensmüde.

Hat die Angst erstmal Einzug gehalten, ist es schwierig, die Dinge rational zu betrachten.

Auch ein ängstlicher Mensch „rechnet" sich vorher seine Chancen aus, kommt jedoch zu ganz anderen Ergebnissen. Seine Sichtweise ist nicht von Logik und Wahrscheinlichkeiten bestimmt, sondern von der Angst.

Ein Mensch, der nicht zu übermäßiger Angst tendiert, macht sich ein *realistisches* Bild, indem er die gegebene Situation, seine individuellen Voraussetzungen und seine Erfahrungen in der Vergangenheit mit vergleichbaren Situationen in sein Urteil einfließen lässt. Anstelle der fehlenden paar Prozent setzt er Vertrauen. In sich und in das Leben.

Er weiß, dass es 100 Prozent Sicherheit nicht gibt. Man kann sich auch im Bett den Fuß brechen.

Überängstlichen Menschen fehlt dieses Vertrauen. Sie starren bei ihren Einschätzungen oft auf den schlimmstmöglichen Fall, unabhängig davon, wie hoch die Wahrscheinlichkeit ist, dass dieser eintritt. Ihre eigenen Fähigkeiten unterschätzen sie und Erfahrungen sind Schnee von gestern, der nicht viel aussagt über die *heutige* Fähigkeit, die Aufgabe zu bewältigen. Hinzu kommt der Hang zum Katastrophisieren.

„Ich kann mich nicht für die Fortbildung anmelden. Was ist, wenn ich den Abschlusstest nicht schaffe? Dann hält mein Chef mich für unfähig und wirft mich raus. Dann bin ich arbeitslos, kann die Raten für das Haus nicht mehr bezahlen und stehe auf der Straße. "

Sie sehen: Wenn die Angst das Steuer übernimmt, tritt der Verstand in den Hintergrund.

Die Definition eines „worst case" ist ja erstmal nicht schlecht. Was kann schlimmstenfalls passieren? Wenn man weiß, dass man mit dem schlechtesten Ergebnis notfalls leben kann, kann das eine beruhigende Wirkung haben. Solange Sie im Kopf behalten, dass es nur der worst case ist. Und Sie dabei nicht in „Problemhypnose" verfallen.

Man ist dann so auf das Problem fixiert, dass man gar nicht mehr in der Lage ist, angemessen mit auftretenden Schwierigkeiten umzugehen. Die Angst verbaut den Blick auf die eigenen Ressourcen und Lösungsmöglichkeiten.

Angst bringt die Menschen dazu, sich auf ein Thema zu fokussieren. Alles andere rückt in den Hintergrund.

Aktuell quälen uns verschiedene Ängste. Eine davon ist die Angst, sich zu infizieren und krank zu werden. Manchmal braucht es dazu noch nicht mal eine Krankheit.

9.1 Wenn Angst krank macht

„The only thing we have to fear is fear itself"
Franklin D. Roosevelt

Ob man es so pauschal sagen kann, wie der frühere amerikanische Präsident es ausdrückt? Immerhin hat Angst ja durchaus eine positive Funktion.

Wahrscheinlich meinte er eher, dass ein Zuviel an Angst blind und handlungsunfähig macht. Schlimmstenfalls kommt es zur Schockstarre. Rehe im Scheinwerferlicht. Und dass die Angst sich selbstständig macht, wenn man nicht einschreitet. Man schätzt seine Möglichkeiten nicht mehr realistisch ein und nimmt vieles in Kauf, was eigentlich unnötig ist, um sich vor der vermeintlichen Bedrohung zu schützen. Es geht darum, die Haut zu retten.

In Deutschland gibt es über 12 Millionen Menschen, die von einer Angststörung betroffen sind (115). Je nach Gegenstand und Intensität der Angst sind sie hierdurch mehr oder weniger eingeschränkt in ihrem Leben. Die Bandbreite reicht hier von kleineren Einschränkungen bis hin zur Unfähigkeit, das Haus verlassen zu können.

Fragen Sie allein mal die vielen Menschen, die von Prüfungsangst betroffen sind. Oft kriegen sie in der Prüfung kein Wort heraus. Das Herz schlägt bis zum Hals. Und auch die Vorbereitung auf die Prüfung ist schwierig. Schon da ist der Verstand blockiert und alles ist viel anstrengender, als es sein müsste. Ihre Leistung in den Prüfungen bleibt dann auch oft weit hinter dem zurück, was sie eigentlich leisten könnten. Die Ressourcen, die Nichtängstlichen zur Beschäftigung mit dem Prüfungsstoff zur Verfügung stehen, verbrauchen Kandidaten mit Prüfungsangst schon zu einem guten Teil, um ihre Angst in Schach zu halten.

Angst vor Krankheit macht krank (35). In Deutschland leidet nach Angaben von Experten jeder 10. unter der Angst, an einer bisher unentdeckten Krankheit zu leiden. Hypochondrie. Menschen, die davon überzeugt sind, an einer schlimmen Krankheit zu leiden. Manche der Betroffenen sind kaum in der Lage, ein normales Leben zu führen. Jeder Husten bedeutet Lungenkrebs, jeder Kopfschmerz ist Zeichen für einen Hirntumor. Es folgt eine unendliche Odyssee durch Arztpraxen, die Befunde sind jedes Mal negativ – was nicht zur Beruhigung beiträgt, denn das Ergebnis ist ja fast schon veraltet, wenn man es vorliegen hat.

Ich kann mir gar nicht im vollen Ausmaß vorstellen, wie es sich anfühlt, ständig von derartigen Ängsten gepeinigt zu werden. Es muss schrecklich sein. Vielleicht wird in einem von unglaublich vielen Fällen tatsächlich schnell eine Krankheit entdeckt und man hat gut daran getan, sich so zu verhalten. In allen anderen Fällen, und damit viel wahrscheinlicher, zerstört man nur seine Lebensqualität.

Wie soll denn das Ziel aussehen? Hat man gewonnen, wenn man irgendwann auf dem Sterbebett liegt und erleichtert feststellt, dass all die schlimmen Dinge, die man befürchtet hat, nicht eingetreten sind? Nein. Man hat sich die ganze Zeit Sorgen gemacht über Dinge, die theoretisch hätten sein können und hat dabei versäumt zu leben. Das betrifft nicht nur die Angst vor Krankheiten, sondern all die Ängste und Befürchtungen, die sich nie bewahrheiten, deren Eintreten man aber unbedingt verhindern muss. Und jetzt – am Ende des Lebens – ist es zu spät. Aber Angst ist eben nicht logisch.

Viele verstehen irgendwann, dass es nicht der Zustand ihres Körpers, sondern allein ihre Angst ist, die ihnen das Leben schwer macht, und nehmen therapeutische Hilfe in Anspruch.

Manche werden nur vorübergehend von solchen Ängsten gepeinigt. Medizinstudenten im ersten Semester, die sich intensiv mit Krankheiten und ihren Symptomen auseinandersetzen, sind häufig betroffen. Das Phänomen nennt sich Medical Student´s Disease (36).

Die neuen Informationen, die man im Rahmen der Vorlesungen erhält, führen zu verstärkter Selbstbeobachtung. Und wer suchet, der findet. Hier ein Knacksen, da ein komisches Gefühl, schon das zweite Mal in diesem Monat Kopfschmerzen. Speziell unspezifische Symptome, die alles Mögliche bedeuten können, werden als Anzeichen dafür genommen, dass man selbst auch von einer schweren Krankheit betroffen ist. (36)

Die Selbstbeobachtung, die nach innen gerichtete Aufmerksamkeit, das besondere Achten auf Signale des Körpers führen also schnell dazu, dass man glaubt, krank zu sein.

Im Falle von Corona ist es nicht nur die Selbstbeobachtung. Auch die anderen werden argwöhnisch betrachtet. Man traut sich ja schon gar nicht mehr, in der Öffentlichkeit zu husten. Der Nachbar glaubt dann bestimmt, man sei Träger des Virus, kontaminiert von der todbringenden Seuche, potentieller Vernichter der Welt!

Wir haben jetzt alle die Möglichkeit, die Welt des Hypochonders von innen zu betrachten. Auch, wenn Sie das jetzt entsetzt oder wütend zurückweisen: „Hypochonder, das sind doch Simulanten! Die haben doch gar nichts. Wir hingegen sind ernsthaft bedroht."

Hypochonder sind keine Simulanten. Sie leiden wirklich! Sie sind überzeugt davon, dass sie eine Krankheit haben, die unentdeckt zum Tod führen kann. Sie sind nicht krank, aber ihre Angst vor Krankheiten ruiniert ihr Leben mehr, als die meisten Krankheiten es könnten. Es ist die Angst, die sie krank macht, nicht die befürchtete Krankheit. Und in unserem Fall nicht Corona.

Was Sie gerade quält, ist nicht das Virus. Die Wahrscheinlichkeit, dass Sie in den vergangenen Wochen wirklich davon betroffen waren, ist sehr gering. Die Wahrscheinlichkeit, dass es Ihnen ernsthaft Probleme bereitet hat, noch sehr viel geringer. Trotzdem leiden Sie schon geraume Zeit.

Es ist nicht das Virus, das Sie quält. Es ist die Angst vor dem Virus.

9.2 Angst und Politik

Angenommen, Sie wären gewählter Volksvertreter und hätten ein ganzes Land zu regieren. Ihrem Volk gegenüber sind Sie durchaus positiv gestimmt, wollen ihm zumindest nichts Böses. Es soll Sie ja schließlich wiederwählen. Andererseits,... es sind so viele..., jeder will etwas anderes... eine undefinierbare Masse von Bedürfnissen. Sie können unmöglich allen gerecht werden. Und Sie selbst haben ja auch noch Bedürfnisse. Sie wollen gerne Ihre Position behalten.

Innerhalb Ihres Volkes können Sie verschiedene Gruppen ausmachen. Es gibt eine kleine Gruppe mit Macht und Einfluss. Diese Gruppe hat natürlich auch Bedürfnisse. Sie will ihre Macht und ihren Einfluss mindestens behalten, lieber ausbauen. Sie wissen, dass diese Gruppe Ihnen schaden kann in Ihrem Wunsch, Staatsoberhaupt zu bleiben. Diesen Teil des Volkes nicht zu beachten, bedeutet Gefahr. Dann säße schnell ein anderer auf Ihrem Platz.

Die größere Gruppe, das Volk, hat keine Macht und keinen Einfluss. Aber Bedürfnisse. Schaden kann Ihnen das Volk kaum. Nutzen aber auch nicht. Sie brauchen in ein paar Jahren wieder deren Stimmen, um auf dem Platz bleiben zu können, aber bis dahin können Sie relativ frei schalten und walten. Wenn man Sie lässt.

Was machen Sie mit dieser größeren Gruppe? Wie wollen Sie verhindern, dass diese Menschen Ihnen ständig über die Schulter gucken, Sie z.B. dafür kritisieren, dass Sie viele Entscheidungen zugunsten der kleineren Gruppe treffen „müssen"? Wie bringen Sie Ruhe ins Volk, damit nicht ständig irgendwer aufruft zu Demonstrationen oder sogar zur Revolution? Wie können Sie das Volk ablenken und politische Entscheidungen durchsetzen, die das Volk nicht haben will? Wie können Sie Ihre eigene Macht ausbauen *mit* Zustimmung des Volkes?

Wenn das Volk doch weniger fordernd wäre. Weniger kritisch, eher genügsam, folgsam, unentschlossen – und am Ende auch noch dankbar für all das, was Sie für es tun. Das wäre doch nicht schlecht. Aber wie kann man das schaffen?

Nun, Sie sind ja noch neu in der Rolle des Staatsführers – Lassen Sie uns schauen, welche Hilfsmittel erfahrene Politiker genutzt haben und nach wie vor nutzen.

Rainer Mausfeld, deutscher Professor für Allgemeine Psychologie, benennt in seinem Vortrag „Warum schweigen die Lämmer?" die systematische Erzeugung von Angst als eines der wichtigsten Machtinstrumente und verweist auf deren lange Geschichte in der Politik. (39; 21)

Hört sich brutal an?

Auf die Gefahr, dass ich mich anhöre wie ein Verschwörungstheoretiker: Ihre Angst ist für andere zuweilen ganz schön nützlich.

Ängstliche Menschen sind bescheidener. Sie haben keine Wünsche, denken nicht lange darüber nach, was an ihrem Leben besser sein könnte. Sie begnügen sich lieber mit dem, was sie haben, und sind froh, wenn die Umstände nicht schlimmer werden, als sie sind. Sie hassen Veränderungen, auch politische. (39)

Veränderungen bringen immer Unsicherheit mit sich und Unsicherheit verstärkt Angst. Ängstliche Menschen sind auch dankbarer, wenn man ihnen etwas gibt. Und ansonsten sind sie mit sich und ihren Ängsten beschäftigt. Entwickeln Depressionen oder Angststörungen, beruhigen sich mit Alkohol, Psychopharmaka und anderen Drogen...

Also: Geben Sie dem Volk etwas, um das es sich sorgen kann. Sie müssen allerdings aufpassen, dass nicht *Sie* als Auslöser der Angst wahrgenommen werden.

Es gibt viele Objekte, auf die Sie die diffusen Ängste des Volkes lenken können. Die Rechten, die Linken, Ausländer, Flüchtlinge, Klimawandel, Insektensterben, Umweltkatastrophen, Energiepreise, Finanzkrisen, Fake news...

Und wie gut eignet sich da erst ein Virus? Besser als alle o.g. Beispiele.

Den Ausbruch eines Virus kann Ihnen niemand in die Schuhe schieben. Bei allen anderen Themen müssen Sie sich immer mal wieder dafür rechtfertigen, dass es zum Teil auch Ihre Entscheidungen waren, die zur Situation beigetragen haben. Aber ein Virus? Nein, dafür können Sie nichts.

Und wenn es doch schon mal da ist... Wie schon Winston Churchill wusste: „Lass niemals eine Krise ungenutzt verstreichen."

Außerdem dürfte nichts, wirklich nichts, vergleichbar starke und überdauernde diffuse Ängste auslösen wie ein Virus. Noch nicht mal eine Invasion von Außerirdischen. Die könnte man zumindest sehen.

Viren kann man nicht sehen, sie können überall sein. Vieles, was den Menschen bisher geholfen hat, mit ihren Ängsten umzugehen, ist plötzlich bedrohlich. Man kann nicht mehr mit seinen Lieben zusammenrücken. Man darf nicht mehr nach draußen. Draußen lauert das Virus. Und hat man es besiegt, ist es ein Sieg auf Zeit. Die nächsten Viren kommen bestimmt.

Man kann sie immer wieder aus der Schublade holen. Klingt das nicht gut? Wenn Ihnen das Volk in den nächsten Monaten zu laut wird, wird es reichen, wenn eine Zeitung titelt „*Neues Virus im Anmarsch?*"

Im Fließtext können Sie schon wieder Entwarnung geben. Die Frage allein wird genügen, um viele in ihre Häuser zu treiben. Denn man kann ja nie wissen... Niemand kann Sie hierbei einer Lüge bezichtigen. Sie haben ja nur gefragt. Diffuse Ängste sind schon etwas sehr Nützliches...

Zu Beginn des Buches war ich derselben Ansicht wie Prof. Hockertz, wenn er sagt: „Die Politiker wurden nicht richtig beraten."(24). Ich hatte fast noch Mitgefühl... Schwere Entscheidungen sind zu treffen, niemand will schuld sein, wenn es schiefgeht.

Es blieb allerdings ein Rätsel, warum die Politik angesichts derart heftiger Konsequenzen nicht auch andere Experten angehört hat. Experten, die eher mit Bedacht auf die Situation geschaut haben. Mit der Zeit tauchten weitere Rätsel auf: „Warum schaut man sich die Zahlen nicht an? Warum bezieht man sich angesichts guter Zahlen weiterhin auf mögliche Horrorszenarien und beschwört ständig neue Katastrophen herauf?"

Frage:

Waren *Sie* schon mal dankbar, weil die Regierung Sie souverän durch eine Grippewelle geführt hat? Nein. Das haben Sie gar nicht mitbekommen.

Aber *jetzt* sind Sie vielleicht dankbar. Eine große Gefahr schwebte über uns und es ist ausschließlich der Umsicht der Regierung zu verdanken, dass wir alle noch leben. Wenn jemand uns etwas Gutes tut, wollen wir natürlich etwas zurückgeben. Darum werden wir unsere Retter fleißig in ihrem Amt bestätigen und auch so bescheidene Gefälligkeiten wie Eingriffe in den Datenschutz oder eine Impfpflicht nicht ablehnen. Schließlich machen wir es ihnen damit leichter, uns zu beschützen. Es geht ja nur um unsere Sicherheit.

Von daher würde ich mittlerweile sagen, dass die Politiker sich genau die Berater gesucht haben, die ihnen in ihren übergeordneten Zielen nützlich waren. Well done.

Ich habe gelesen, dass Söder in den Umfragewerten bzgl. der Kanzlerkandidatur aufgestiegen ist. Begründet wurde das gestiegene Vertrauen mit seinem Verhalten in der Corona-Krise (112).

Man erklärt ein mäßig bedrohliches Virus zur Staatskrise, rettet das Volk vor der vermeintlichen Gefahr, selbiges fühlt sich beschützt und folgt in ewiger Dankbarkeit. Cool.

Logisch, dass Herr Söder die beschlossenen Maßnahmen so lange wie möglich aufrechterhalten will und eindringlich vor Rückfällen warnt. Auch die Popularitätswerte von CDU und CSU steigen und steigen...

In einem Zeugnis würde stehen: „Sie haben in herausragender Weise verstanden, die Gunst der Stunde für sich zu nutzen."

Und Sie? Wissen Sie jetzt, wie Sie Ihr Volk führen können?

9.3 Das Streben nach Sicherheit

„Leben ist immer lebensgefährlich" – Erich Kästner

Wir haben ein gewisses Bedürfnis nach Sicherheit und Kontrolle. Auch ich bin Fan von abschließbaren Haustüren und Wasserkochern mit Abschaltautomatik.

Nicht alles im Leben kann man kontrollieren. Im Auto haben Sie erstmal nur Einfluss auf Ihre eigene Fahrtüchtigkeit. Ansonsten können Sie umsichtig fahren, sich an die Regeln halten und darüber hinaus hoffen, dass niemand Ihren Weg kreuzt, der sich gerade in einem Autorennen beweisen muss.

Im Job können Sie Ihr Bestes geben. Aber auch, wenn Ihr Chef Ihren Einsatz durchaus zu schätzen weiß – es schützt Sie nicht davor, eventuell trotzdem Ihren Arbeitsplatz zu verlieren, beispielsweise im Zuge einer Übernahme der Firma oder bei einer wirtschaftlichen Krise Ihres Arbeitgebers.

Aber bei allen Sorgen und Ängsten, die man so hat, sollten Sie eines nicht vergessen: Egal, wie alt Sie heute sind, arm oder reich, dick oder dünn, eins haben Sie alle gemeinsam. Sie haben überlebt. Sie haben sehr viele Situationen überstanden, die mit Risiken behaftet waren, ob Ihnen das jetzt bewusst ist oder nicht.

Mir geht es nicht darum, bei Ihnen Ängste zu schüren und Ihnen zu zeigen, was theoretisch alles passieren kann.

Nein, die zentrale Botschaft des vorigen Abschnitts war: Sie haben überlebt. Und dann kann man doch eigentlich erwarten, dass Sie ein bisschen Vertrauen in Ihre Fähigkeiten und auch in das Leben entwickelt haben. Bestimmt ist in Ihrem Leben nicht alles wie gewünscht gelaufen. Es gab kleine und auch große Krisen, von denen Sie vorher gedacht hätten, dass Sie sie nicht überstehen. Und doch haben Sie Wege gefunden und alles bewältigt. Sie haben es geschafft. Sonst wären Sie nicht mehr hier.

Der Trend scheint trotzdem eher in Richtung Lebensangst und hohes Sicherheitsbedürfnis zu gehen. Die Industrie weiß das gut für sich zu nutzen. Es gibt fast nichts, wogegen man sich nicht versichern kann. Mein persönlicher Favorit ist die Risikolebensversicherung. Allein das Wort... Man kann sich gegen das Risiko des Lebens versichern!

An allen Ecken wird Ihnen etwas Neues angeboten, mit dem Sie etwas für Ihre Sicherheit tun können. Fahrradhelme, Leuchtwesten, Apps zur Kontrolle von Körperfunktionen oder zur Überwachung von Kindern, Navigationsgeräte und und und...

Aber sind es nicht gerade diese Sicherheiten, die am Ende Ihre Angst erhöhen? Man kann es in seinem Streben nach Sicherheit nämlich leicht übertreiben.

Früher wären Sie, ohne groß nachzudenken, mal eben mit dem Rad zur Freundin gefahren. Wenn Sie das heute vorhaben und Ihren Helm nicht finden, macht sich gleich ein ungutes Gefühl breit. Wenn Sie jetzt trotzdem fahren, begeben Sie sich in Gefahr.

Ob sie es jetzt glauben oder nicht: Es soll tatsächlich Menschen geben, die es bis ins Erwachsenenalter geschafft haben, obwohl sie als Kind ohne Helm Fahrrad gefahren sind.

Kinder haben überlebt und sind auch nicht reihenweise Opfer von Straftaten geworden, obwohl ihre Eltern sie nicht ständig überwacht haben.

Und glauben Sie denn wirklich, dass Sie jetzt – nach drei Jahren – immer noch im Teutoburger Wald herumirren würden, wenn Sie damals Ihr Navi nicht gehabt hätten? Wären Sie ohne diese Sicherheit gefahren, wären Sie vielleicht vom Weg abgekommen. Eine Chance, tolle Dinge zu sehen, die Ihnen mit Navi entgangen sind. Nebenbei könnten Sie Ihren Orientierungssinn schulen und auch Ihre Kommunikationsfähigkeit – man kann Menschen nämlich tatsächlich nach dem Weg fragen, wenn man nicht weiter weiß. Nach überstandenem Abenteuer haben Sie viel zu erzählen. Und nebenbei sind Selbstbewusstsein und Selbstwirksamkeit – also die Überzeugung, vor einem liegende Aufgaben bewältigen zu können – gestiegen.

Das alles entgeht Ihnen, wenn Sie nur auf Sicherheit setzen. Wie langweilig...

Wenn Sie Ihr Handy irgendwo vergessen... Um Gottes Willen! Wahrscheinlich steigt Ihr Puls gerade jetzt in gefährliche Sphären und Ihr Handy kann Sie nicht warnen vor der drohenden Gefahr. Sie horchen ängstlich in sich hinein und können fast schon das Blut in den Adern rauschen hören.

Vielleicht befindet sich auch Ihr Kind gerade jetzt in einer Situation, in der es Ihren Schutz bräuchte und Sie sind nicht erreichbar.

Das Bedürfnis nach Sicherheit kann ganz schön viel Stress auslösen. Abends stellen Sie fest, dass es den Kindern gut geht. Ihr Puls ist – spätestens jetzt – normal, aber Sie waren den ganzen Tag in Sorge und Angst.

All die kleinen Helferlein... Sollen sie uns eigentlich das Gefühl von Unsicherheit nehmen, vergessen wir schnell, dass wir auch ohne sie gut klargekommen sind und glauben für die Zukunft, es ohne sie nicht schaffen zu können. Und damit macht uns die Sicherheit erst unsicher.

Ich warte bereits seit einigen Jahren auf die erste Studie zur „neuen Hilflosigkeit". Anlass hierfür waren eigene Beobachtungen, wie hilflos Menschen in einer ihnen fremden Gegend werden, wenn ihr Handy ausfällt.

Zuviel Sicherheitsdenken nimmt uns sehr viel. Konkrete Fähigkeiten, Vertrauen, Zuversicht, Spaß am Leben, Freiheit.

Leben bedeutet ein gutes Stück weit Risiko. Und trotz des wohlklingenden Namens kann keine Versicherung Sie dagegen schützen. Wer ein halbwegs zufriedenes Leben führen will, dem wird gar nichts anderes übrig bleiben, als dies zu akzeptieren.

No risk, no fun. Wenn wir nicht bereit sind, in Kauf zu nehmen, dass das Leben nicht sicher ist und wir uns nicht vor allem schützen können, dann bleibt nicht viel übrig.

Ich würde mich auch eher als vorsichtig beschreiben. Aber ich lasse mich auch nicht gern ins Bockshorn jagen. Und ich glaube, dass nichts von dem, was mir passieren kann, so schlimm ist wie die Vorstellung, die ganzen Jahre in Angst davor gelebt zu haben.

Viele Menschen tendieren dazu, angstbesetzte Situationen zu meiden. Klar, es macht auch keinen Spaß, Angst zu haben. Nervenkitzel, gut und schön, aber wirklich Angst? Nein. Daher geht man diesen Situationen gerne aus dem Weg.

So nachvollziehbar das ist – man erweist sich selbst keinen Gefallen damit.

Durch das Vermeiden der gefürchteten Situation nimmt man sich selbst die Möglichkeit, neue Erfahrungen mit dem Gegenstand der Angst zu machen. Und ohne neue Erfahrungen kann man nicht lernen, dass die Angst unbegründet ist.

Ängste lassen nach oder verschwinden irgendwann ganz, wenn man die Erfahrung macht, dass man die angstbesetzte Situation bewältigen kann.

Wenn man vor Aufgaben steht, die zu groß erscheinen und man Zweifel hat, sie bewältigen zu können, sucht man gerne nach einem Hilfsmittel. Das Hilfsmittel stärkt Sie vorübergehend in ihrem Selbstvertrauen und die Wahrscheinlichkeit dafür, dass Sie es schaffen, steigt.

So hilfreich sich das in der gegebenen Situation auch anfühlt – neben dem Vermeidungsverhalten ist dies der zweite annähernd sichere Weg, wenn Sie wollen, dass Ihre Angst Sie auf ewig begleitet.

Wenn die Benutzung des Hilfsmittels dauerhaft zu einem Sicherheitsverhalten wird, dann sorgt es gleichzeitig dafür, dass Ihre Angst bleibt. Bleiben *muss*. Sie können ja gar nicht merken, dass Sie keinen Grund zur Sorge haben.

Ein Beispiel, um zu verdeutlichen, was gemeint ist: Nehmen wir an, Sie haben Angst vor dem Autofahren. Sie trauen sich das einfach nicht zu. Sie fahren nur, wenn Ihr Partner oder Ihre Partnerin neben Ihnen sitzt. Also muss er oder sie immer dabei sein. Er oder sie ist Ihre Sicherheit.

Wie wollen Sie je herausfinden, dass Sie das auch alleine gut bewältigt hätten? Sie erklären sich ja jeden Erfolg mit seiner bzw. ihrer Anwesenheit. Und die Überzeugung, es alleine nicht zu schaffen, bleibt.

Übertragen wir das auf die aktuelle Situation: Während Therapeuten sich vielerorts abmühen, ihren Klienten die Nachteile von Vermeidungs- und Sicherheitsverhalten nahezubringen, praktiziert aktuell mehr oder weniger ein ganzes Volk derartige dysfunktionale Verhaltensweisen, da sie von oben verordnet wurden. Wir sind aufgefordert, Kontakte zu meiden und uns durch Masken und ausreichenden Abstand zu schützen.

Wir haben daher gar nicht mehr die Möglichkeit, am eigenen Leib zu *erfahren*, dass die Angst überflüssig ist. Die von oben verordneten Maßnahmen führen dazu, dass die Angst bleibt. Wir glauben weiterhin, dass sie einen realen Hintergrund hat und wir die „schlimmen Folgen" der Situation nur durch unser Verhalten vermieden haben.

Ziel der Maßnahmen war, eine Reproduktionsrate von R = 1 oder darunter zu erreichen. Liegt die Reproduktionsrate in dieser Höhe, ist keine Überlastung des Gesundheitssystems zu erwarten. Und die galt es ja zu vermeiden.

Die Reproduktionsrate erreichte bereits *vor* Einführung der Kontaktsperre einen Wert von unter 1 (s. Kap. 5). Dennoch wird es genug Menschen geben, die für alle Ewigkeit daran glauben werden, dass dieses Ziel nur durch die Maßnahmen erreicht wurde.

„Die ergriffenen Maßnahmen haben dazu geführt, dass die worst-case-Szenarien bisher ausgeblieben sind" – das ist, was man uns vermitteln will.

Ohne diese Maßnahmen hätten wir *sehen können,* dass nicht viel mehr passiert als mit. Das Virus breitet sich etwas schneller aus, für die allermeisten verläuft eine Infektion unproblematisch, man achtet auf die, die gefährdet sind, wie man es bei der Grippe auch macht (oder machen sollte), *keine* Überlastung der Krankenhäuser, Antikörperbildung, Virusbremse, Virusende. Keine große Sache. Das zu erleben, hätte dann doch bei vielen zu erheblichen Zweifeln an der Strategie der Regierung geführt.

Böse Zungen könnten daher behaupten, dass die Verordnung von Kontaktsperren und zusätzlichen Sicherheitsmaßnahmen – zumindest in dieser Hinsicht – kein unkluger Schachzug war.

9.4 Erstmal einen Schritt zurücktreten...

Machen Sie sich eines bewusst:

Das Ausmaß Ihrer Angst sagt nichts darüber aus, wie bedrohlich die Situation tatsächlich *ist*.

Sie sagt erstmal nur etwas darüber aus, wie bedroht Sie sich *fühlen*.

Sollten Sie irgendwann in der Zukunft eine Angst vor Paketen entwickeln, weil ja hinter jedem eine Paketbombe stecken könnte – man hört ja vieles –, dann werden Sie beim Anblick des freundlichen Paketboten nervös bis panisch. Ist das Paket deshalb gefährlich? Nein.

Welche Maßnahmen Sie auch ergreifen, – Ganzkörperschutzanzug oder gleich das Bombenschutzkommando – es ändert nichts daran, dass sich in dem Paket wahrscheinlich nur der von Ihnen bestellte Rasierapparat befindet.

Und nur weil Sie Masken tragen, Angst haben vor Ihren Mitmenschen und sich in Ihrem Kopf schreckliche Szenarien abspielen, ändert das trotzdem nichts daran, dass die Krankenhäuser leer sind, Sie sich wahrscheinlich nicht infizieren bzw. eine Infektion in den meisten Fällen sehr glimpflich verlaufen würde.

Unser Denken beeinflusst, wie wir uns fühlen. Auf Corona bezogen bedeutet dies: Sie müssen selbst aktiv werden. Ihre Angst kann nur verschwinden, wenn Sie Ihr Denken verändern. Wenn Sie der Angst weiterhin das Steuer überlassen, wird sich ihr Gefühl nicht ändern.

Verweisen Sie die Angst in ihre Schranken. Treten Sie mental einen Schritt zurück und versuchen Sie, die Situation möglichst sachlich zu betrachten. Stellen Sie sich folgende Fragen:

- Wo kann ich verlässliche Informationen bekommen?
- Welche der prophezeiten Szenarien sind eingetreten?
- Was sagen die Wahrscheinlichkeiten? Wie bedroht bin ich tatsächlich?
- Reden die Experten von Fakten oder malen Sie Szenarien an die Wand, die theoretisch kommen *könnten?* Wie sind dann die Wahrscheinlichkeiten?
- Was sind meine Erfahrungen auf dem Gebiet?

Ich behaupte ja, dass Sie über einen reichen Erfahrungsschatz verfügen. Sie haben schon viele Grippewellen überstanden. Aber auch in den letzten Wochen konnten Sie Erfahrungen sammeln, zumindest hinsichtlich der Zuverlässigkeit der Prognosen.

Wenn die Angst das Ruder übernimmt, tritt der Verstand in den Hintergrund. Wir sind dann nicht mehr in der Lage, die Angelegenheit sachlich zu betrachten.

Darum nochmal: „The only thing we have to fear is fear itself"

Viel mehr als eine Infektion mit Corona sollten Sie fürchten, dass zukünftig die Angst Ihr ständiger Begleiter ist.

Wenn Sie daran festhalten wollen, dass es bedrohlich ist, wird es das für Sie immer bleiben. Keine Ahnung, was sich Pharma- und sonstige Industrie in den nächsten Monaten alles einfallen lassen wird. Corona ist ein hochinteressanter Markt. Mit Angst lässt sich gut Geld verdienen. Ihnen werden viele Dinge angeboten werden, die Sie schützen/ heilen/wappnen/immunisieren, was auch immer. Hauptsache, Sie benutzen sie regelmäßig und kaufen nach, wenn es leer ist.

Je mehr Sie sich mit diesen Dingen eindecken, desto mehr werden Sie glauben, *ohne* diese Dinge in großer Gefahr zu sein. Ihre Angst wird bleiben, obwohl es dafür überhaupt keinen Grund gibt.

Darum kann ich Ihnen nur aus tiefstem Herzen empfehlen, sich mit dem Thema Angst auseinanderzusetzen. Denn ein Leben in ständiger Angst nimmt ihm sehr viel von seiner Qualität.

10. Medien

Erstmal ganz (oder scheinbar) trivial: Sie haben nur das Wissen, das man Ihnen an irgendeiner Stelle zur Verfügung stellt.

Sie schauen Nachrichten, lesen Zeitung, hören Radio, unterhalten sich mit Nachbarn, Freunden, Bekannten.. und fühlen sich informiert.

Keine Angst, es geht hier nicht um Lügenpresse, Fake news oder was auch immer. Ich will Ihnen nur bewusst machen, dass, wenn Sie Nachrichten empfangen, im Hintergrund bereits eine Vorauswahl stattgefunden hat. Die Journalisten entscheiden, welche Informationen aus einer Fülle von Möglichkeiten vorrangig sind. Und die bekommen Sie dann. Das ist auch erstmal gar nicht anders möglich.

Wenn Sie diese Informationen haben, können Sie sich ein Bild machen, darüber nachdenken, mit anderen reden, eine eigene Position finden. Wenn nicht, dann nicht.

Wir wissen also einfach vieles nicht. Ein Beispiel hierfür wären wieder die vergangenen großen Grippewellen. Niemand war in den Krankenhäusern und hat gefilmt. Am Anfang stand vielleicht eine Warnung und am Ende haben wir Zahlen bekommen. Zwischendurch hat Ihr Arzt Sie eventuell noch einmal darauf hingewiesen. Von Chaos, Überforderung oder Gefährdung der Bevölkerung wurde nicht berichtet.

Ein Beispiel dafür, dass Sie Informationen, die Sie nicht haben, eben auch nicht verwenden können, ist die Berichterstattung bzgl. Corona über deutsche Grenzen hinaus.

Großbritannien: Premierminister Johnson stand dem Thema Corona anfangs entspannt gegenüber. Auf der Basis der Tatsache, dass Corona für die meisten Menschen ungefährlich ist, bestand seine Strategie in der Durchseuchung. Viele stecken sich an, durchlaufen die Krankheit und bilden Antikörper.

Zu dieser Zeit schien Großbritannien kaum in den Medien vertreten zu sein. Irgendwann kam die Wende. Großbritannien ging ebenfalls mit harten Maßnahmen gegen die Ausbreitung des Virus vor und bekam ab diesem Zeitpunkt entsprechende Aufmerksamkeit. Die meisten werden erst dann davon erfahren haben, dass Johnson bis dahin ein Abweichler gewesen ist.

USA: Hier lag der Fall ein bisschen anders. Man konnte verhältnismäßig früh hören, dass Trump Corona auf die leichte Schulter nimmt und nicht beabsichtigt, schwerwiegende Maßnahmen zu ergreifen. Aber Trump ist einfach ein Sonderfall. Wir nehmen ihn als irrational und wankelmütig oder Schlimmeres wahr. Wenn Trump einen anderen Weg geht als wir, bringt uns das nicht zum Nachdenken, sondern bestätigt eher, dass wir richtig liegen. Trump ist also mit der alten wie auch der neuen Strategie in den Medien vertreten.

Die USA und Großbritannien haben jetzt also auch eingesehen, dass der in der EU gewählte Weg der einzig richtige ist. Das war wichtig genug, um es in den Medien zu präsentieren.

Frage: Wie viel hören Sie denn von Schweden?
Antwort: (lange Zeit) Wenig bis nichts.

Schweden... das kleine gallische Dorf...

Es ist das einzige Land in der EU, dass einen anderen Kurs verfolgt. Schulen, Kindergärten, Geschäfte und auch Skigebiete bleiben weiterhin geöffnet. Es gibt Einschränkungen, die jedoch deutlich geringer sind als in den anderen Ländern.

Unabhängig von der Frage, welcher Weg der „richtige" oder „bessere" ist: Es ist auffällig, dass Schweden lange Zeit so wenig Beachtung gefunden hat. Es scheint, als bestätige man sich die Richtigkeit oder die zwingende Notwendigkeit des eigenen Weges gegenseitig dadurch, dass man zeigt:

„Guckt hin, *alle* machen das so. Es gibt zu diesem Weg keine Alternative."

Sollte Schweden irgendwann doch noch einen Kurswechsel vornehmen, würde diese Tatsache bestimmt sehr medienwirksam ausgeschlachtet werden.

Ein letztes Beispiel: Im Januar 2020 waren bereits alle in großer Sorge, dass Corona auch nach Deutschland übergreifen könne. Ende Januar gab es ja dann auch den ersten bestätigten Fall in Deutschland. Noch keinen Toten. Nur eine bestätigte Infektion.

Wussten Sie, dass es zu diesem Zeitpunkt bereits mehr als 13.000 bestätigte Influenza-Infektionen und 30 mit Influenza assoziierte Todesfälle für die Saison 2019/2020 gab? (107). Eine Schlagzeile war es jedenfalls nicht wert.

Die Vorauswahl der Themen ist also der erste Schritt, mit dem Medien Einfluss darauf nehmen, welche Informationen Ihnen überhaupt zur Verfügung stehen.

Medien wählen aber nicht nur die Themen aus, sondern entscheiden auch mit darüber, wie Sie die Information aufnehmen oder bewerten.

Eine sachliche Information über die Anzahl der Verkehrstoten, vielleicht mit dem Hinweis auf einen historischen Tiefststand auf der einen Seite...

... und dieselbe Zahl in Verbindung mit dem Bild eines weinenden Kindes, das traumatisiert und soeben Vollwaise geworden ist auf der anderen.

Dieselbe Information, völlig unterschiedlich präsentiert, löst bei Ihnen auch völlig unterschiedliche Dinge aus. Sie gehen zur Tagesordnung über, freuen sich vielleicht über die gesunkene Anzahl an Toten oder Sie sind emotional berührt und denken eventuell noch länger über das Schicksal des Kindes nach.

Ob eine Nachricht auf der ersten Seite oder erst im hinteren Teil einer Zeitung präsentiert wird, wirkt sich ebenfalls darauf aus, welche Bedeutung wir der Nachricht beimessen. Schafft eine Nachricht es auf das Titelblatt, halten wir die Nachricht allein deshalb für wichtig.

Im Übrigen tendieren wir dazu, zu glauben, was in der Zeitung steht. Das ist nur dann anders, wenn wir selbst Experten auf dem Gebiet sind, welches in dem Artikel behandelt wird.

Dieser Effekt heißt Gell-Mann-Amnesie, benannt nach seinem Entdecker, dem amerikanischen Physiker und Nobelpreisträger Murray Gell-Mann. (109)

Die Gell-Mann-Amnesie (108) beschreibt Folgendes:

Sie lesen in der Zeitung einen Bericht über ein Thema, in dem Sie sich sehr gut auskennen. *Weil* Sie sich auskennen, entdecken Sie schnell die Anhäufung von Fehlern, die Oberflächlichkeit, das Fehlen von wichtigen Details, ohne die das Gesamtbild völlig verfälscht dargestellt wird, die Umkehrung von Ursache und Wirkung und können nur entsetzt den Kopf schütteln darüber, dass so viel Unsinn in der Zeitung veröffentlicht wird.

Dann blättern Sie um ... im nächsten Artikel wird ein Thema behandelt, in dem Sie sich nicht so gut auskennen ... und Sie nehmen das, was Sie lesen für bare Münze.

Sie sollten es besser wissen. Schließlich haben Sie gerade erst festgestellt, dass bei dieser Zeitung nicht nur Experten am Werk sind. Der vorige Artikel hatte allenfalls Schrottwert und Sie verzweifeln bei dem Gedanken, dass andere Leser, die sich nicht auskennen, den Inhalt des Artikels *glauben* könnten. Und dennoch gehen Sie mit aller Unvoreingenommenheit an den nächsten Text.

Man kann sich dem nicht entziehen. Gell-Mann hat dies bei sich selbst festgestellt und er war ein wirklich kluger Mann.

Zeitungsverlage sind naturgemäß an Absatz interessiert und Emotion verkauft sich besser als Sachlichkeit. Ein weiterer Grund dafür, dass wir nur Horrorzahlen in der Zeitung und schreckliche Bilder im Fernsehen gesehen haben. Hätten Sie – zumindest in den ersten Wochen – umgeschaltet auf einen sachlichen Bericht über Corona?

Bis jetzt ist also klar, dass die Medien mit darüber entscheiden, welche Informationen uns zur Verfügung stehen und wie wir diese Informationen bewerten. Außerdem ist leider auch klar, dass wir spontan dazu tendieren, zu glauben, was in der Zeitung steht.

Wie sehr sich Journalisten der objektiven Information des Volkes verpflichtet fühlen – oder manchmal eben auch nicht –, zeigt folgendes Beispiel:

Zur Verbesserung der Verbrechensbekämpfung (es geht nur um unsere Sicherheit) wurde in der Vergangenheit eine Grundgesetzänderung erwogen, die in der Öffentlichkeit unter dem Begriff „Großer Lauschangriff" bekannt wurde. Es ging um die Frage, ob es zukünftig erlaubt sein solle, privaten Wohnraum unter bestimmten Voraussetzungen abhören zu dürfen.

Die Grundlagen für diese Gesetzesänderung wurden bereits 1998 gelegt. Einem Urteil des Bundesverfassungsgerichts Rechnung tragend, wurde das Gesetz im Jahr 2005 noch einmal verändert.

Vielen Juristen ging die Vorstellung einer Grundgesetzänderung in diese Richtung zu weit. Auch die Öffentlichkeit war aufmerksam und das Thema war insgesamt sehr umstritten. Ursprünglich sollten auch Journalisten zum Personenkreis derer gehören, bei denen das Abhören der Wohnung erlaubt gewesen wäre. Dieser Umstand führte zu sehr kritischer Berichterstattung über die geplante Gesetzesänderung. (68)

Daher wurde kurzerhand beschlossen, die Berufsgruppe der Journalisten doch zu verschonen und sie in die Gruppe der Auserwählten aufzunehmen, die *nicht* von den Konsequenzen der Änderung betroffen sein sollten.

Die Wohnungen der Journalisten waren sicher, womit sich die Berichterstattung wieder änderte und das Thema aus den Medien verschwand bzw. gemäßigter dargeboten wurde.

Das Gesetz konnte verabschiedet werden und seitdem ist geltendes Recht, dass Wohnungen unter bestimmten Umständen abgehört werden dürfen. (68)

Nebenbei zeigt dieses Beispiel, wie schnell Informationen aus unserem Bewusstsein verschwinden, wenn wir sie nicht ständig präsentiert bekommen.

Im Falle von Corona wurden wir geflutet mit Informationen. Oder mit etwas, das wir für solche gehalten haben.

Die Wissenschaftler Klaus Meier und Vinzenz Wyss haben die Berichterstattung zum Thema Corona, wie sie uns im März 2020 präsentiert wurde, analysiert (110).

Sie kommen zu dem Schluss, dass die Berichterstattung zu dieser Zeit kaum auf eigenen Recherchen der Journalisten beruhte. Die Aussagen einzelner dominanter Experten wurden weitgehend kritiklos übernommen und die Entscheidungen der Regierung unterstützt.

„In Deutschland wurde die Wegnahme grundlegender Freiheitsrechte in journalistischen Kommentaren größtenteils gefeiert oder sogar noch mehr davon gefordert." (110)

Einheitliche Presse führt zu einheitlicher Meinung. Bei einer Umfrage Ende März zeigten sich dann auch fast 90 % der Befragten mit den beschränkenden Maßnahmen einverstanden. (110)

Ja! Genau so löst man Angst und Panik aus!

Grippe ist uns allen ein Begriff. Wir haben bereits viele Jahre mit heftigen und weniger heftigen Grippewellen durchlebt. Es ist ja nie schön, wenn man weiß, dass gerade ein Virus umgeht, aber wenn Sie mal ehrlich sind: Die meisten von uns haben doch die vergangenen Grippewellen gar nicht mitbekommen.

Und hier hat man Ihnen mit emotionalen Bildern und Zahlen, die nur aussahen wie Fakten, den Schneid abgekauft. Und Sie mit ins Boot geholt.

10.1 Ein Wort an die Promis...

Das Land ist verunsichert. Was darf ich, was darf ich nicht, ab wann ist es gefährlich...

Einen großen Teil der Verunsicherung führe ich neben der unseriösen Berichterstattung auf die „Wir-bleiben-zu-Hause"-Werbekampagne zurück.

Als wäre das Kontaktverbot in all seinen Auswirkungen nicht schon schlimm genug, wird man zusätzlich ständig aufgefordert, das Haus nicht zu verlassen. Völlig undifferenziert wird der Eindruck vermittelt, dass es – für die eigene Gesundheit oder die der Mitmenschen – gefährlich sei, nach draußen zu gehen.

Hat irgendwer eine Vorstellung davon, in wievielen Haushalten Menschen daraufhin von ihren Angehörigen genötigt werden, den ganzen Tag im Haus zu bleiben? Seid ihr euch nicht bewusst, wieviel Gewicht euer Wort hat?

Ihr redet mit Menschen, deren Ausgangssituation eine völlig andere ist als eure eigene.

Ohne jemals Gast im Haushalt eines Prominenten gewesen zu sein, kann ich mir leicht vorstellen, dass die Lebensumstände der meisten angenehmer sind als die vieler

Menschen in Deutschland. Mir ist bewusst, dass prominent nicht automatisch vermögend bedeutet. Aber umgekehrt bin ich auch sicher, dass ihr mehr zur Verfügung habt als den Hartz IV-Satz.

Zahlen von 2017 zeigen, dass ca. jede 6. Person in Deutschland von Armut betroffen ist (71). Dies betrifft häufig Arbeitslose und Alleinerziehende. Es ist nicht davon auszugehen, dass diese Menschen über großzügigen Wohnraum verfügen oder über finanzielle Mittel, mit denen man das ein oder andere Defizit kompensieren könnte.

Nicht nur bezüglich Wohnraum und Finanzen sind Unterschiede anzunehmen. Auch – und im besonderen – hinsichtlich der sozialen Vernetzung. Ihr habt deutlich mehr Kontakte. Eure Handys klingeln ab und zu. Wenn ihr telefonieren wollt, dann gibt es da auch jemanden, der sich über euren Anruf freut. Das ist leider nicht bei jedem der Fall.

Diesen Menschen, deren Möglichkeiten sowieso schon eingeschränkt sind, habt ihr jetzt noch den Spaziergang im Park vergällt.

Es gibt überhaupt keinen triftigen Grund, auf einen Spaziergang an der frischen Luft zu verzichten. Allgemein verfliegen Viren an der frischen Luft viel schneller als in geschlossenen Räumen. Ergebnisse einer Untersuchung aus China legen außerdem nahe, dass die Corona-Ansteckungsgefahr mit steigender Temperatur und steigender Luftfeuchtigkeit signifikant sinkt (40). Also wieder wie bei der Grippe.

Sonne tanken ist gut für Immunsystem und Seele. Und wir können gerade alles brauchen, was der Seele hilft.

Sorry, aus meiner Sicht war das keine Glanzleistung.

Viele von denen, die eure Botschaften gehört haben, haben diese viel strenger umgesetzt, als es hätte sein müssen. Und wahrscheinlich viel strenger, als *ihr selbst* es getan habt.

Ich finde es sehr traurig, dass die Promis alle auf Linie zu sein scheinen. Keine Ahnung, ob es wirklich niemanden gibt, der es anders sieht. Wahrscheinlicher ist, dass es den ein oder anderen gibt, der den Dienst verweigert. Aber den bekommt man ja dann nicht zu sehen.

11. Wir sind Menschen...

... und Menschen machen Fehler.

Unter meinen Vorfahren gab es den ein oder anderen, der davon überzeugt war, dass es gefährlich sei, bei Gewitter zu essen:

„Den Schläfer lass schlafen, den Esser schlag tot"

Die x-male, die ich dem zuwidergehandelt habe und trotzdem noch lebe: Reines Glück. Sollte mich zufällig irgendwann der Blitz treffen, während ich gerade herzhaft in ein Butterbrot beiße...

„Isch habs ihr doch jesacht!"

Ob mich das Gewitter auf einem See überrascht hat – das wird keine Rolle spielen. Ich hab noch gekaut und das war mein Todesurteil.

Das fällt wohl deutlich unter die Rubrik „Aberglaube", ist aber gleichzeitig ein schönes, wenn auch drastisches Beispiel für die wohl bekannteste kognitive Verzerrung – den Bestätigungsfehler.

Wenn man erstmal von Dingen überzeugt ist, ist es schwer, einen neutralen Standpunkt einzunehmen. Wir nehmen dann nur noch die Informationen wahr, die unsere Überzeugungen bestätigen und lassen alles andere außer acht.

Gerade, wenn die Überzeugung auf Angst aufbaut, ist sie

schwer zu knacken... Vorsicht ist dann die Mutter der Porzellankiste.

Wir saugen jede Information über Verstorbene, die nicht zur gefährdeten Gruppe gehören, auf und nehmen sie als Beleg dafür, dass die Horrorszenarien doch ihre Gültigkeit haben. Auch hier hat der Bestätigungsfehler dann sein Unwesen getrieben.

Es ist bei weitem nicht der einzige Fehler, den wir bei der Verarbeitung von Informationen machen. Auch wenn wir uns gerne für die Krone der Schöpfung halten, sind unsere Bewertungen und Entscheidungen häufig weit weniger rational, als wir glauben. Das ist auch keine Frage von Intelligenz. Es ist einfach menschlich. Spock würde das nicht passieren. Uns hingegen schon.

Es gibt noch eine Reihe weiterer Verzerrungen, denen wir unterliegen. Das lässt sich auch nicht vermeiden. Wir sind ihnen aber auch nicht völlig hilflos ausgeliefert. Es nutzt schon, wenn wir uns bewusst sind, dass wir öfter mal falsch liegen.

„Die Bereitschaft zu akzeptieren, dass wir uns getäuscht haben könnten, ist die Grundlage kritischen Denkens."(44).

12. Verantwortung und Schuld

„Jeder, der die Regeln befolgt, kann jetzt Lebensretter sein"
– Angela Merkel (97)

Oh, das klingt verführerisch. Bisher kann ich nämlich noch nicht von mir sagen, dass ich wissentlich ein Leben gerettet habe. Tierleben, ja – aber ein Menschenleben? Oder sogar mehrere?

Andererseits ... ich weiß es ja auch hier nicht so genau, ob mein Wirken tatsächlich zur Rettung eines Lebens beiträgt. Ich soll mich einfach nur zurückhalten, möglichst wenig sichtbar sein, weil sonst andere zu Schaden kommen könnten.

Ist das nicht immer so?

Lassen Sie uns doch gerade mal kurz über den Tellerrand schauen. Ich weiß, alle haben es vergessen, aber es ist tatsächlich so: Corona ist nicht der einzige Grund, aus dem Menschen sterben.

Wenn man es so betrachtet, können wir doch alle *ständig* Lebensretter sein. Bei der jährlichen Anzahl an Toten und Schwerverletzten im Straßenverkehr rette ich statistisch gesehen genauso Menschen, wenn ich auf ein Auto verzichte. Jährlich. Bisher wurde ich allerdings noch von keinem Politiker dazu aufgefordert. Im Straßenverkehr zu Schaden zu kommen, scheint unter „allgemeines Lebensrisiko" zu fallen.

Wie sieht es denn bei der Politik aus? Da fällt mir spontan noch mehr ein.

Politiker könnten Leben retten, wenn sie

- auf Waffenexporte verzichten
- gegen den Einsatz von Glyphosat stimmen
- Massentierhaltung verbieten
- Zigaretten oder zumindest die Werbung hierfür verbieten
- zuckerhaltige Getränke oder Süßigkeiten allgemein höher besteuern und/oder Werbung hierfür untersagen
- Frauenhäuser finanziell besser ausstatten
- für bessere Hygiene in Krankenhäusern sorgen

Nebenbei bemerkt wäre die Risikogruppe für schwere Verläufe gleich viel kleiner, weil der Anteil an Rauchern und Diabetikern im Land niedriger wäre.

Da gäbe es bestimmt noch weitere Dinge... Auf die einzelnen Punkte konkret einzugehen, würde vom Thema wegführen. Eins haben alle aufgeführten Punkte gemeinsam: Sie tragen zum vorzeitigen Tod von Menschen bei.

Welchen Einfluss haben Sie oder ich darauf? Wir können demonstrieren, unser Konsumverhalten anpassen, Petitionen unterschreiben, in unserem Umfeld Bewusstsein schaffen – und dadurch mit der Zeit Druck auf die Politik ausüben, wenn wir denn genug sind. *Direkt* können wir nichts ändern. Die Politiker hingegen könnten es, geben aber anderen Interessen den Vorrang. Es ist einfach zu lukrativ.

Was hat das jetzt mit Corona zu tun? Na ja, ich frage mich schon, wieso die gleichen Menschen, die mit jährlich über 100.000 Menschen (41), die an den Folgen des Rauchens sterben, taktieren und auf Tabaksteuer als Einnahmenquelle setzen, jetzt persönlich Verantwortung übernehmen für vergleichsweise wenig Menschen, die an einem Virus sterben. Das soll ich glauben?

Betrachten wir nochmal den Satz der Kanzlerin:

„Jeder, der die Regeln befolgt, kann jetzt Lebensretter sein".

Da schwingt doch noch was anderes im Hintergrund mit... Wenn ich jetzt durch Verzicht Leben retten kann, bedeutet das doch, dass ich eventuell Leben vernichte oder zumindest aufs Spiel setze, wenn ich nicht bereit bin, die Maßnahmen einzuhalten.

Kann ich wählen? Es fühlt sich nicht so an. Riskiere ich Leben, weil ich mich mit Freunden treffen will? Oder bringe sogar aktiv Menschen um? Bin ich vergleichbar mit einem Bombenleger?

Jetzt wären wir bei Schuld angekommen. Ich bin schuld, wenn Menschen sterben.

Und damit habe ich doch nicht mehr wirklich eine Wahl.

Am Tag nach der Kanzlerrede werden die beschlossenen Maßnahmen im Radio diskutiert. Freundlicherweise liefert ein Herr (ich glaube, er war Arzt) die Haltung, die ich einzunehmen habe, gleich mit. „Wer das nicht macht, ist asozial."

Das sind also die beiden Möglichkeiten. Ich darf wählen zwischen „Lebensretter" und „asozial". Da sollte die Wahl nicht schwerfallen.

„Jeder, ..., kann jetzt Lebensretter sein."

Der Satz spricht mindestens zwei Dinge an, denen sich Menschen nur schwer entziehen können.

Zum einen sind wir konkret aufgefordert, mit unserem Verhalten (auch wenn es sich hier hauptsächlich um Nicht-Verhalten handelt) den Tod von Menschen zu verhindern.

Wissen Sie, was das bedeutet?

Für mich bedeutet es erstmal, dass ich mir in Kapitel 13 den Mund fusselig reden bzw. mir die Finger wund schreiben kann. Ihnen lang und breit aufzählen kann, an wie vielen Stellen die Maßnahmen der Bundesregierung zu Kollateralschäden führen. Menschen, die schweren Schaden nehmen oder sogar ihr Leben verlieren, ohne je von dem Virus betroffen gewesen zu sein. Wenn Sie innerlich die Verantwortung für die Corona-Toten übernommen haben, werden Ihnen diese stets wichtiger sein.

Und das ist wirklich brutal. Wenn wir die Opfer von Corona als unsere Verantwortung akzeptieren, können wir kaum anders handeln, als uns völlig darauf auszurichten. Wir müssen mit aller Macht Tote vermeiden, selbst wenn man sagen könnte, dass wir damit den Kampf gegen die Natur aufnehmen. *Weil* wir die Verantwortung übernommen haben. Oder sie uns haben aufdrücken lassen.

Mit der Übernahme der Verantwortung ist es nicht mehr Natur, sondern *unsere Schuld*, wenn jemand an Corona stirbt. Dass wir dadurch an anderen Stellen eine wahrscheinlich viel größere Zahl an Opfern riskieren, blenden wir aus. Es scheint weniger wichtig, weil wir uns dafür nicht verantwortlich fühlen.

Niemand hat uns je die Verantwortung für die Grippeopfer übertragen. Bei Corona sind wir – jeder einzelne von uns – verantwortlich für Tote, Schwerstkranke, Überlastung der Intensivstation, die Mehrarbeit und Aufopferung des medizinischen Personals und wer weiß, was noch alles. Und zwar in ihrer Gesamtheit. Wenn also wieder neue Erkrankte oder Verstorbene gezählt werden müssen, dann heißt das: Sie und ich, wir haben nicht genug getan. Wir können uns doch bestimmt noch etwas mehr einschränken, immerhin geht es um Menschenleben.

Alles ist auf den Kopf gestellt. Den Kampf gegen die Natur nehmen wir auf. Die, die wir dadurch über die Klinge springen lassen, zählen wir als bedauerliche, aber unvermeidbare Kollateralschäden.

Aber da gab es ja noch einen zweiten Punkt. Was ist denn das Verführerische am Angebot der Bundeskanzlerin?

Ist es nicht eine wirklich große Sache, Leben retten zu können? Die meisten Menschen lieben es, Teil einer wichtigen Bewegung zu sein.

Wenn man sich einer solchen Bewegung anschließt, scheint alle vorher bestehende Ungleichheit wie weggewischt. Alle Bewertungskriterien, denen man sich normalerweise ausgesetzt fühlt, sind damit ungültig. Es geht nur noch um die Sache.

Zu sehen war das Phänomen z.B. bei dem großen Streik der Studenten vor einigen Jahren. Es ging um das Thema Studiengebühren. Der Campus war während des Streiks deutlich voller als zu normalem Vorlesungsbetrieb. Und man hat viele neue Gesichter gesehen, die sich in der Streikwoche sehr engagiert haben. Der ein oder andere von ihnen wird das Ende des Streiks sehr bedauert haben.

Dass von großen Bewegungen eine Faszination ausgeht, die manchmal zu furchtbaren Ergebnissen führt, ist bekannt. Der Geschichtslehrer Ron Jones griff 1967 zu einer ungewöhnlichen Methode, um seinen Schülern ihre eigene Verführbarkeit aufzuzeigen.

Als er mit seiner Klasse die Thematik des 2. Weltkriegs besprach, tauchte eine Frage auf, die bei diesem Thema wohl in jeder Klasse in jedem Land gestellt wird: „Wie konnten die Deutschen behaupten, nichts gewusst zu haben?"(45).

Jones hatte damals das Gefühl, diese Frage mit Worten nicht ausreichend beantworten zu können. Er entschloss sich zu einem Experiment.

Die Prinzipien, die Jones in seinem Experiment angewandt hat, waren Disziplin, Gemeinschaft und Handeln. Ein Einschwören auf die große Sache, nachdem er zuvor neue Verhaltensregeln aufgestellt und mit den Schülern eingeübt hatte. Er hat Auflehnung erwartet gegen diesen autoritären Führungsstil. Was er stattdessen vorgefunden hat, war eine erschreckende Bereitschaft zur Unterwerfung. Die Schüler sind aufgeblüht, weil sie sich als Teil dieser besonderen Gemeinschaft gefühlt haben. Und alle waren bereit, dafür auf viele andere Dinge zu verzichten. Es gab interessanterweise mehr Motivation, sich am Unterricht zu beteiligen. Hausaufgaben wurden häufiger erledigt und die Leistungen wurden besser.

Innerhalb einer einzigen Schulwoche (!) verwandelte sich eine ganz normale Schulklasse in Jugendliche, die sich voll und ganz der Sache verschrieben hatten. Die bereit waren, ihre besten Freunde zum Wohle der Sache zu verraten und es auch getan haben.

Auch Jones selbst spürte, dass er, anfänglich die Rolle des Diktators nur spielend, mehr und mehr zu einem solchen wurde.

Das Experiment griff schnell auf andere Klassen über und verselbständigte sich. Viele wollten an dieser neuen Gemeinschaft teilhaben. Schüler anderer Klassen schwänzten den Unterricht und nahmen stattdessen an seinem teil. Bei der Abschlussveranstaltung in der mit Flaggen und Symbolen dekorierten Aula, bei der Jones das Experiment dann auch beendete, fanden sich mehr als 200 Schüler ein. Nach insgesamt fünf Tagen.

Selbst Menschen, die sich zuvor in Studentenbewegungen und sogar bei den Black Panthers, einer früheren afroamerikanischen sozialistischen Bürgerrechtsbewegung, engagiert hatten, waren nicht gefeit. Am Ende waren alle schockiert darüber, wie schnell sie bereit gewesen waren, ihre persönliche Freiheit aufzugeben und ihre Ideale zu verraten.

Man ist Teil einer Sache, die bedeutender ist als man selbst.

Es ist wie ein Neustart. Nichts, was in der Vergangenheit gezählt hat, hat jetzt noch Bedeutung. Alle Fehler, die man gemacht hat, sind vergessen. Egal, wo Du herkommst, was Du kannst oder bist, ob Du viel besitzt oder wenig: Du bist ein vollwertiges Mitglied der Gemeinschaft, wenn Du für die Sache bist. Bist Du dagegen, bist Du gar nichts.

Die Eingangsfrage, die überhaupt erst zu diesem Experiment geführt hat, beantwortete Jones mit der Prognose, dass niemand von den Schülern mehr über diese Erfahrung sprechen werde, weil niemand zugeben wolle, derart weit gegangen, derart manipulierbar zu sein. Und damit sollte er Recht behalten. (45)

Auch, wenn dieses o.g. Beispiel faschistoide Hintergründe hat, die in unserer Situation (ganz ausdrücklich!) nicht gegeben sind, kann man erschreckende Ähnlichkeiten finden.

Ich habe mich auch erschreckt vor der allgemeinen Bereitschaft zur Unterwerfung.

Im Kleinen fängt es an. Man ist schnell dabei zu behaupten, dass man selbst es besser gemacht hätte. Die meisten von uns haben diese Knöpfe, die andere nur drücken müssen, und schon sind wir bereit, aufzugeben, was uns eigentlich wichtig ist.

Wir waren sehr schnell bereit, ohne Hinterfragen Anweisungen zu befolgen und uns in unserer persönlichen Freiheit beschränken zu lassen. Von einem Tag auf den anderen hat sich eine Bewegung ergeben, in der man sich gegenseitig darin übertreffen wollte, seinen Beitrag für die große Sache zu leisten.

Spaziergänger wurden bei der Polizei denunziert, weil sie zu dritt im Park unterwegs waren und dies nun mal den neuen Regeln widerspricht. Und das schon, bevor die offizielle Seite darüber nachgedacht hat, uns alle zum Wächter unseres Nächsten zu machen.

Menschen wurden in WhatsApp-Gruppen von ihren Freunden ausgegrenzt, weil sie es gewagt haben, dazu zu stehen, dass sie weiterhin persönliche Sozialkontakte haben. Wer es wagte, den Umgang mit Corona kritisch zu hinterfragen, erntete schnell einen Shitstorm.

Das ist kein Aufruf zur großen Revolution. Dazu später mehr, aber ich dachte, ehe Sie gleich losrennen, erwähne ich es schon mal...

Wir können uns nicht völlig vor Manipulation schützen. Aber es hilft schon mal, sich dessen bewusst zu sein. Wer glaubt, völlig unbeeinflusst zu sein, ist auch gleich Opfer einer weiteren kognitiven Verzerrung. Ja, auch dafür gibt es einen Namen.

Wir übernehmen gerade nicht wirklich Verantwortung. Wir tun nur, was man uns sagt. Wenn daran irgendetwas falsch sein sollte, hat man ja nur Anweisungen befolgt. Man selbst trägt dann ja keine Schuld. Und darum geht es letztendlich. Man will es nicht schuld sein.

Ich sage Ihnen aus eigener Erfahrung: Damit kann man ganz schön schief liegen. Und am Ende nutzt es einem nichts, dass man ja nur getan hat, was der Experte für richtig gehalten hat. Mit den Folgen muss man selbst klarkommen.

Bis vor ein paar Monaten hätte *niemand* erwartet, dass zu seinem Schutz oder zu dem seiner Angehörigen ein ganzes Land stillsteht. Die Betroffenen hätten eigene Maßnahmen ergriffen oder die Angehörigen hätten dafür gesorgt, dass ihre Lieben umsichtig sind.

Jetzt ist das für alle völlig normal. Weil es unsere Verantwortung ist.

Und plötzlich klingt das Angebot der Kanzlerin gar nicht mehr so verführerisch.

Ja, es ist ein gutes Ziel, Menschenleben retten zu wollen! Aber hier wird von mir (uns) verlangt, wegzuschauen. Uns keine eigenen Gedanken zu machen. Auf dem vorgegebenen Weg mitzugehen, ohne über die Folgen nachzudenken.

Wenn wir diese Verantwortung akzeptieren, können wir andere nicht mehr wahrnehmen. Ich mache mir lieber selbst ein Bild davon, was verantwortungsvolles Handeln im Zusammenhang mit der Corona-Welle bedeutet (Kapitel 13 und 14).

Darum: Nein danke. Diese Verantwortung lasse ich mir nicht aufdrücken. Auch, wenn Sie mich dann asozial finden. Meine Verantwortung liegt woanders. Sie liegt darin, *wirklich* hinzusehen und nicht auf jeden Zug zu springen, der vorbeikommt. Nicht einfach blind zu folgen. Ob Sie mich deshalb in die zweite Kategorie einordnen möchten, muss ich Ihnen überlassen..

Menschen sterben. Das *ist* so. 2018 waren es in Deutschland 954.874 Menschen..... Ganz ohne Corona.

Und ... ganz sicher ... man könnte auch viele Leben retten, wenn man in wichtiger Position darauf verzichten würde, unnötige Panik im Land zu verbreiten.

13. Kollateralschäden

Es könnte ein Kampf gegen Windmühlen sein – aber ich nehme ihn trotzdem auf. Vielleicht können Sie sich ja in den ein oder anderen hineinversetzen, der Ihnen nachfolgend begegnet, und am Ende nochmal überlegen, wem Sie Ihr Verantwortungsgefühl zukommen lassen möchten.

Ob Ihr Herz eher für die alten Menschen schlägt, für die Kinder oder für Familien – oder ob Sie zumindest Mitgefühl mit sich selbst entwickeln... Jeder im Land ist betroffen.

13.1 Häusliche Gewalt

In Deutschland wird alle drei Tage eine Frau durch ihren Partner oder Expartner getötet (47). Das sind die Zahlen, wie sie sich auch ohne verordnete Isolation darstellen. Inwieweit sie durch Corona steigen, ist noch nicht genau zu sagen, da es noch keine bundesweiten Erhebungen hierzu gibt. *Dass* sie steigen, steht allerdings außer Frage.

Häusliche Gewalt nimmt zu, wenn der Bewegungsraum eingeschränkt ist. Bereits der engere Kontakt, den man z.B. an Weihnachten hat, führt zu einem erheblichen Anstieg der Anrufe bei den entsprechenden Hotlines. Das Fehlen alternativer Bewältigungsmöglichkeiten durch die Corona-Isolation kann auch bei normalerweise nicht gewalttätigen Menschen zu Aggressionen führen (47).

Die zunehmende häusliche Gewalt bleibt nicht auf Konflikte zwischen Mann und Frau beschränkt. Der physisch Stärkere lässt seinen Frust an den Schwächeren aus. Natürlich sind hier auch ganz besonders die Kinder betroffen.

Jede Woche sterben zwei bis drei Kinder an den Folgen von Gewalt (48). Der Großteil von ihnen ist noch keine sechs Jahre alt. Hinzu kommen fast 100 versuchte Tötungsdelikte gegenüber Kindern (49). Auch das sind wieder Zahlen, wie sie jährlich auftreten, ganz ohne Corona.

Viele Kinder leben demnach in einem Umfeld, in dem sie schon zu normalen Zeiten häuslicher Gewalt ausgesetzt sind. Jetzt kommt die Isolation hinzu. Sie können nicht ausweichen. Kein Besuch bei Freunden, kein Spielplatz, weder Kindergarten noch Schule. Nicht wenige werden die verhängnisvollen „Wir-bleiben-zu-Hause-Aufrufe" zu wörtlich genommen und das Haus nur noch im Notfall verlassen haben.

Kinder, die sich nicht ausreichend bewegen können, sind nicht ausgelastet, entsprechend energiegeladen und nicht leicht zu bändigen. Das trifft dann auf der anderen Seite auf Erwachsene, die ohnehin schon gestresst sind und denen man jede Kompensationsmöglichkeit genommen hat. Man kann sich nicht mehr mit anderen treffen und dabei Spannung abbauen. Kein Bierchen mit Freunden, kein Fußball, ob aktiv oder als Fan, kein Plausch mit der Freundin bei einem Glas Wein.

Wo soll die Spannung hin? Wenn Sie sich jetzt noch räumlich begrenzten Wohnraum und angespannte finanzielle Verhältnisse vorstellen, dann sind Sie annähernd in dem Film, den ich sehe.

Wir werden unter Frauen und Kindern viele Opfer zu verzeichnen haben.

Fast harmlos klingt dagegen erstmal die Zunahme an Trennungen. Ob mit oder ohne vorangegangene häusliche Gewalt: Enges Aufeinanderhocken führt zu einer steigenden Zahl an Trennungen. Genaue Zahlen liegen auch hier noch nicht vor, da die Scheidungsanträge leicht zeitversetzt zur auslösenden Situation eingereicht werden. Nach den Sommerferien oder den Weihnachtsfeiertagen dauert es ein bis zwei Monate, bis sich dieser Effekt bemerkbar macht. (46)

Ja, genau, sogar der gemeinsam verbrachte Urlaub, den man sich ja noch annehmlich gestalten kann, kann diesen Effekt haben. Man verbringt mehr Zeit miteinander, sieht mit Entsetzen die Macken seines Partners und fragt sich, ob das alles so noch seine Richtigkeit hat.

Jetzt kommt Corona. Die Quarantäne führt schnell dazu, dass schwelende Konflikte hervorbrechen. Zwar kann man sich die Zeit auch nett gestalten – ich hab gehört, während wir scharf sind auf Toilettenpapier, hamstert der Franzose Rotwein und Kondome. In gut funktionierenden Beziehungen kommt es dann nicht zur Trennung, sondern eher zu Nachwuchs.

Dennoch: China, das uns ja schon ein bisschen voraus ist, verzeichnet einen deutlichen Anstieg bei den Scheidungsanträgen. Das würde ich für Deutschland auch annehmen. Wenn Urlaub und Weihnachten schon zu solchen Effekten führen...

Und auch hier werden wieder viele Kinder von der Trennung ihrer Eltern betroffen sein.

13.2 Herz-Kreislauf-Erkrankungen

Was macht man in normalen Zeiten? An Werktagen klingelt der Wecker, man steht auf, duscht, macht sich zurecht, die Damen legen evtl. Make-Up auf, die Herren rasieren sich, vielleicht auch umgekehrt.

Man frühstückt, denkt über die Dinge nach, die der Tag wohl bringt und schaut immer mal wieder auf die Uhr, denn man hat ja einen Termin. Irgendwann geht man los, wirft vorher noch einen Blick in den Spiegel und kommt zu dem Ergebnis: „Ja, passt, so kann ich gehen."

Wenn man abends nach Hause kommt, fühlt man sich zufrieden. Das Werk ist vollbracht. Man hat seine Aufgaben erfüllt. Man hat sich bewegt, vielleicht nicht viel, aber immerhin. Der Gang zum Kopierer zählt vielleicht nicht als Sport, aber es ist Bewegung! Mehr als nichts. Man hatte seinen Austausch mit Kollegen oder Kunden, hat die Mittagspause mit anderen verbracht, sich über Neuigkeiten ausgetauscht und Wertschätzung erfahren.

Ich weiß nicht, ob es auf alle zutrifft, aber sicherlich auf einen Teil: Im unfreiwilligen und ungewohnten Home-Office ticken die Uhren anders. Das fängt dann im wahrsten Sinne des Wortes vielleicht schon mit dem Wecker an. Der kann ja ruhig später klingeln oder auch gar nicht... Sie sparen ja den Weg zur Arbeit und müssen nicht unbedingt pünktlich anfangen. Duschen? Das vielleicht gerade noch. Make-up bzw. Rasieren fällt schon mal aus. Wofür auch?

Bin doch nur zu Hause, da sieht mich doch keiner. Frühstück? Ja, nachher. Fürs erste reichen die Chips, die von gestern noch übrig sind.

Mit der Zeit wirkt sich das aus. Auf den Selbstwert. Und das Lebensgefühl. Schleichend macht sich Unzufriedenheit breit. Gerade jetzt wäre es besonders wichtig, so viel wie möglich für sich zu tun. Und gerade jetzt fällt es besonders schwer.

Sportmediziner befürchten ernsthaft Todesfälle aufgrund der steigenden Anzahl an Menschen, die ihren Job von zu Hause aus erledigen. Die Medizinprofessoren Reer und Löllgen erwarten allein durch die reduzierte Bewegung Todesfälle, wenn keine Gegenmaßnahmen ergriffen würden. (18)

Die Wissenschaftler erwarten zudem eine Zunahme weiteren gesundheitsschädlichen Verhaltens. Der aus dem Bewegungsmangel resultierenden psychischen Belastung würde verstärkt mit Ersatzbefriedigungen begegnet, wie z.B. vermehrtem Essen, Zigaretten oder Alkohol. Damit sei auch ein Anstieg der Zahl der Übergewichtigen zu befürchten, was dann mittelbar auch zu einer Zunahme an verschiedenen Krankheiten, z.B. Diabetes oder Herz-Kreislauf-Erkrankungen, führen könne. Allein das übermäßige Sitzen sei bereits gefährlich.

Herz-Kreislauf-Erkrankungen sind Todesursache Nr. 1 in Deutschland. Laut Angaben des RKI gehen 40 % der Todesfälle auf diese Ursachen zurück. Man kann sein persönliches Risiko positiv beeinflussen, indem man sich gesund ernährt, nicht raucht und sich viel bewegt. Und an seinem Übergewicht arbeitet. (51)

Tja, das sieht nicht gut aus. Bewegen sollen wir uns ja nicht. Wer will schon in seiner Wohnung im Kreis laufen? Natürlich wird der Anteil an ungesundem Essen und gerauchten Zigaretten zunehmen.

Es wird auch genug Menschen geben, die nach einer Zeit der Nikotinabstinenz jetzt wieder rückfällig geworden sind. Zahlen habe ich hierzu natürlich nicht, aber es ist einfach plausibel. Jeder Raucher weiß, wie schwer es ist, von dieser Sucht loszukommen und wie „nützlich" sich die Zigarette in schwierigen Lebenslagen anfühlt.

Stress, Angst, Langeweile. Fehlende Kompensationsmöglichkeiten. Da liegt der Griff zur Zigarette doch nahe. Oder zur Schokolade. Zum Alkohol. Und ohne Bewegung mit Süßigkeiten und Alkohol wird das auch nichts mit der Reduktion des Übergewichts.

40 %! Bezogen auf das Jahr 2018 wären das über 380.000 Menschen, die an Herz-Kreislauf-Erkrankungen gestorben sind. Da fühle ich mich gleich ein bisschen mehr bedroht als durch Corona.

Hier sind wir bereit, einen Anstieg der Zahlen in Kauf zu nehmen, indem wir förmlich daraufhinarbeiten, dass bei vielen Menschen gesundheitsschädliches Verhalten zunimmt.

13.3 Einsamkeit

Sicherlich ist Ihnen klar, dass soziale Kontakte und das Gefühl von Geborgenheit wichtig sind im Leben. Dennoch nimmt man erstmal an, dass „wichtig" hier eher bezogen ist auf die Lebens*qualität*. Wahrscheinlich würden Sie Essen, Trinken und Schlafen als bedeutsamer für das Überleben einordnen. Das stimmt aber so nicht ganz.

Soziale Kontakte sind essentiell! Der Psychoanalytiker René Spitz fand in den 40er Jahren bei Untersuchungen in Waisenhäusern heraus, dass Kinder körperlich oder mental verkümmerten, wenn sie keine Bezugsperson hatten, die mit ihnen interagiert und Nähegefühl vermittelt hat. Einige Kinder starben, obwohl sie ausreichend ernährt worden waren. Der Psychiater Andreas Meyer-Lindenberg schließt daraus, dass Kontakt und Geborgenheit in ihrer Bedeutung mit Essen, Trinken und Schlafen nahezu gleichzusetzen sind. (52)

Dass sich Einsamkeit nicht positiv auf den Menschen auswirkt, ist schon lange bekannt. Mindestens bei unfreiwilliger Einsamkeit ist dies auch für jeden plausibel. Untersuchungen zu diesem Thema blieben lange Zeit auf die psychischen Auswirkungen von sozialer Deprivation beschränkt. Mittlerweile ist klar: Einsamkeit wirkt sich auch auf den Körper und die Sterblichkeit aus.

Einsame Menschen haben eine erhöhte Wahrscheinlichkeit für die Entwicklung verschiedener Krankheiten. Hierzu zählen neben Depression und Angststörungen auch Herzinfarkt, Schlaganfall, Krebs und Demenz (52).

Neben allen Freuden, die soziale Interaktion mit sich bringt, trägt sie nämlich auch zu einem Anstieg von Killerzellen im Körper bei. Diese Zellen sind uns trotz ihres Namens durchaus freundlich gesonnen, denn sie verhindern u.a. die Entstehung von Krebs. Die Killerzellen haben allerdings (mindestens) einen schlagkräftigen Gegner. In unserem Fall heißt dieser Cortisol. (52)

Cortisol ist ein Stresshormon. Es ist lebenswichtig für uns und hat durchaus viele nützliche Funktionen. Problematisch ist erst ein permanent erhöhter Cortisolspiegel.

Ein Leben in Einsamkeit und ohne soziale Kontakte ist ein Leben in Dauerstress. In zahlreichen Untersuchungen wurde nachgewiesen, dass der Cortisolspiegel bei einsamen Menschen dauerhaft erhöht ist. Ebenso finden sich erhöhte Blutdruck- und Blutzuckerwerte. (52)

Cortisol schwächt die Bildung von Killerzellen und macht uns somit anfälliger für die Ausbildung der o.g. Krankheiten. Das Immunsystem ist geschwächt. Einsamkeit erhöht also das allgemeine Risiko zu sterben.

Dieses Risiko besteht für einsame Menschen in jedem Lebensalter. Bei den Älteren addiert es sich zu den anderen Risiken hinzu.

Und wir isolieren Menschen, um sie zu schützen. Möglicherweise isolieren wir sie zu Tode.

Christian Schubert, Professor an der Medizinischen Universität Innsbruck, nennt die verordneten Kontaktsperren und die Isolation „ein brutales Sozialexperiment mit unbekanntem Ausgang" (56). Ich stimme ihm aus vollem Herzen zu.

Schubert geht davon aus, dass die Kontaktsperren bei vielen Menschen zu starkem Stress und damit einhergehend zu andauernder Cortisolausschüttung führen. Diese Menschen werden durch ihre geschwächte Immunabwehr von der zweiten Coronawelle voll erwischt werden. Und das in einem Zustand, in dem der Körper viel schlechter mit den Eindringlingen umgehen kann, als er es bei der ersten Welle gekonnt hätte.

Was bleibt dann? Die Menschen auf Dauer wegsperren? Viele werden dann an anderen Krankheiten sterben.

Ich hätte diese Ergebnisse für mich jetzt nicht gebraucht. Ich war auch vorher schon der Meinung, dass man niemals in einem solchen Umfang die Lebensqualität außer acht lassen darf.

Sollte es nicht gerade am Lebensende mehr um Qualität als um Quantität gehen? Was nutzt denn ein längeres Leben, wenn man es in Abgeschiedenheit und Einsamkeit verbringt?

Rein statistisch gesehen sind im März über 70.000 Menschen in Deutschland verstorben. Diese Menschen standen – völlig unabhängig von Corona – zufällig jetzt am Ende ihres Lebens. Viele davon haben eventuell die letzte Zeit ihres Lebens in Einsamkeit verbracht, weil man sie vor einer Infektion schützen wollte.

Zwar ist Sterbebegleitung jederzeit möglich gewesen. Aber wie muss ich mir das vorstellen? Nach mehreren Wochen der Isolation kommt ein Anruf „Ihre Mutter liegt im Sterben."? Und dann darf man noch ein paar Stunden an ihrem Bett sitzen?

Ich lese von verschobenen Geburtstagen von über 80-, 90- oder 100-jährigen. Man betrauert, dass man diesen Festtag nicht gemeinsam begehen kann, aber das muss sein, zum Wohle des Geburtstagskinds.

Enkel, die keinen Kontakt mehr haben dürfen zu den geliebten Großeltern, weil sie plötzlich gefährlich für deren Gesundheit sein sollen. Wie sollen Kinder das verstehen? Je nach Alter des Kindes und gewohntem Umfang des Kontakts kann ich mir das durchaus traumatisch vorstellen.

Würden Sie das bei einer Grippe auch machen? Die Risikogruppe ist dieselbe. Und die möglichen Folgen auch.

Und das meine ich, wenn ich von persönlicher Verantwortung rede. *Sie* müssen entscheiden. Von oben sagt man Ihnen, dass Sie etwas für Ihre Angehörigen tun, wenn Sie sie isolieren. Sind Sie auch der Meinung? Wie sehen das denn ihre Angehörigen?

Wenn diese aktuell in einer Einrichtung untergebracht sind, haben Sie zur Zeit leider gar keine Wahl. Wenn sie aber zu Hause leben, dann ist Ihr Entscheidungsspielraum größer. Dann können Sie – gemeinsam mit ihren Angehörigen – selbst entscheiden.

13.4 Existenzbedrohung

Ich habe noch nicht viel gesagt zu den wirtschaftlichen Folgen und kann das auch nicht ausführlich tun. Wieviele, die eigentlich auf einem guten Weg waren, sich in langer Vorarbeit eine Existenz aufgebaut haben, stehen jetzt vor den Scherben? Wieviele Angestellte haben jetzt Angst, kurz- oder mittelfristig ihren Job zu verlieren? Wievielen Einzelhändlern kommen Kunden abhanden, weil diese zwischenzeitlich festgestellt haben, dass die Bestellung bei Großhändlern eigentlich ganz bequem ist?

Zwar ist die Regierung großzügig mit Unterstützungsmaßnahmen. Aber ganz sicher fallen viele durchs Netz. Oder die Unterstützung erfolgt durch Kredite. Wie soll man das zurückzahlen? Man kann ja schlecht nacharbeiten. Fixkosten kennen kein Erbarmen. Die Miete muss gezahlt werden, Corona hin oder her.

Prof. Henning Goersch führte zwei bundesweite Untersuchungen durch, welche die sozialen Folgen der Corona-Krise zum Thema hatten. (55)

Bezüglich der Frage, welches Problem die Menschen im Zusammenhang mit Corona am meisten belaste, war „Existenzbedrohung" Spitzenreiter unter den gegebenen Antworten.

Was kann man da tun? Nichts. Solange Sie die Richtigkeit und Angemessenheit der Maßnahmen nicht in Frage stellen, wird das genau so bleiben.

Wenn im normalen Leben Schwierigkeiten auftauchen, suchen wir nach Lösungsmöglichkeiten, holen uns eventuell Unterstützung, lösen das Problem und es geht weiter. Wie sieht es jetzt aus?

Wir werden gerade unserer Selbstwirksamkeitsüberzeugung beraubt. Selbstwirksamkeit beschreibt die Erwartung, anstehende Probleme *aus eigener Kraft* bewältigen zu können. Man ist dann selbst angesichts schwieriger Probleme zuversichtlich, die Situation zu meistern.

Erfolgserlebnisse stärken das Gefühl von Selbstwirksamkeit. Fehlt es an Selbstwirksamkeit, geht das Gefühl verloren, Kontrolle über sein eigenes Leben zu haben. Man ist den Dingen mehr oder weniger ausgeliefert.

Wir können uns nicht mehr selbst helfen. Wir sind zur Passivität verurteilt und können nur abwarten. Wir sind den Dingen ausgeliefert, und zwar *nicht* dem Virus, sondern den Maßnahmen.

Wir sind abhängig. Abhängig von der Unterstützung des Staates, der uns die Situation mit seinen unangemessenen, völlig überzogenen Maßnahmen überhaupt erst eingebrockt hat. Kleine wie große Unternehmen stehen vor dem Aus. Viele fürchten den Verlust des Arbeitsplatzes. Die EU ist äußerst generös in der Bereitstellung finanzieller Mittel. Ich dachte immer, Geld verliert an Wert, wenn man es übermäßig in Umlauf bringt.

Dennoch müssen wir am Ende dankbar sein, denn aus eigener Kraft schaffen wir es schon deshalb nicht, weil uns viele Möglichkeiten verwehrt werden.

Wenn wir jetzt Existenznot spüren, geht das einher mit Gefühlen der Hilflosigkeit und Ohnmacht. Das ist dann ungefähr das Gegenteil von Selbstwirksamkeit.

13.5 Tafeln

Es gibt in Deutschland 948 Tafeln mit über 2.000 Ausgabestellen. Diese werden von mehr als 1,6 Mio Kunden genutzt, hauptsächlich als Möglichkeit, günstige Lebensmittel zu erwerben. Zusätzlich versorgen die Tafeln viele von Natur aus finanzschwache Einrichtungen mit Lebensmitteln, z.B. Frauenhäuser, Jugendtreffs und Einrichtungen der Drogenhilfe. Mehr als 70 % der Nutzer – zunehmend Rentner – sind dringend auf diese Lebensmittel angewiesen (53).

Die Tafeln sind fester Bestandteil des Alltags vieler Nutzer. Neben günstigen Lebensmitteln und ansonsten oft nicht vorhandenem Kontakt erhalten sie hier Unterstützung in vielen Lebenslagen.

Fast 80 % der Tafeln haben nämlich ihr Angebot um mindestens einen zusätzlichen Service erweitert. Neben Sozialberatung und Freizeitangeboten sind dies Kinderbetreuung und/oder Unterstützung bei den Hausaufgaben.

Für die Tafeln – und damit auch für die Nutzer – stellen die Corona-Maßnahmen eine besondere Herausforderung dar. Sowohl auf der Seite der Kunden als auch bei den Ehrenamtlichen ist ein Großteil älter als 65 Jahre. (53)

Mit Stand vom 02.04. waren 426 von 948 Tafeln geschlossen. Die Serviceangebote entfallen, selbst wenn eine Tafel noch geöffnet hat. Der Ablauf wurde insgesamt auf möglichst kontaktarm umgestellt.

Viele Tafeln können den Betrieb schon deshalb nicht aufrechterhalten, weil sie gar nicht über Ware verfügen, die sie herausgeben könnten. Die Hamsterkäufe führten zu leeren Regalen in den Supermärkten. Hinzu kommt das vermehrte Arbeitsaufkommen in den Supermärkten. Den Angestellten fehlt schlicht und ergreifend die Zeit, die übrig gebliebenen Lebensmittel auf ihre weitere Verwertbarkeit zu überprüfen. Bei den Tafeln kommt vielerorts nichts mehr an.

Zu den Auswirkungen der Schließungen, des Wegfalls der Zusatzangebote und der Umstellung auf möglichst wenig persönlichen Kontakt auf das Befinden der Kunden liegen natürlich noch keine Zahlen vor. Dennoch ist es plausibel, von verschiedenen Auswirkungen auszugehen.

In ihrem Lagebericht vom 02.04. erwarten die Tafeln eine Zunahme von Einsamkeit, Depression und anderen psychischen Erkrankungen unter den Kunden. (53)

Der Wegfall günstig verfügbarer Lebensmittel dürfte vielerorts zu existentiellen Problemen führen. Durch die

Schließung von Schulen und Kindergärten sind Familien, die ihre Lebensmittel bei der Tafel beziehen, besonders hart getroffen. Während ihnen auf der einen Seite Lebensmittel fehlen, sitzen jetzt auf der anderen Seite mehr Esser am Tisch, da die Speisung in Kita oder Schule entfällt.

Es ist jedoch eine andere Zielgruppe, um die ich mir hier besonders Sorgen mache: die Rentner. Es ist bekannt, dass viele Rentner in einer Armut leben, die gar nicht notwendig wäre. Aus Schamgefühl oder aus Unsicherheit scheuen sie die Beantragung öffentlicher Hilfen, die ihnen zustehen würden.

Eine Studie des DIW Berlin kommt zu dem Ergebnis, dass mehr als 600.000 Rentner, die aufgrund ihrer finanziellen Situation Anspruch hätten auf Grundsicherung, diese nicht beantragen (54). Diese Menschen besitzen also nach Zahlung ihrer Miete weniger als 424,- Euro im Monat. Bei einigen wird der verfügbare Betrag nur knapp darunter liegen, bei anderen deutlich.

Eine mittlerweile verbreitete Möglichkeit, sein Einkommen aufzustocken, die durchaus auch von Rentnern genutzt wird, fällt ebenfalls weg: das Sammeln von Leergut. Es sind deutlich weniger Menschen unterwegs, also wird es auch deutlich weniger Leergut geben.

Gleichzeitig sind für viele Rentner die einzigen Ansprechpartner weggefallen, die sie in solchen Situationen haben. Die seelisch stärken mit ihrem Mitgefühl, aber auch viele Tipps haben oder praktische Unterstützung leisten, indem sie z.B. beim Ausfüllen von Anträgen zur Seite stehen.

Vielleicht – hoffentlich – ist es nur mein Film... aber ich sehe viele Rentner, die einsam in ihrer Wohnung sitzen und sich aufs Sterben vorbereiten. Die einfach nicht mehr wissen, wofür sie denn weiterleben sollen. Denen auf *allen Ebenen* Unterstützung entzogen worden ist. Die sich aufgrund ihres Alters oder ihrer psychischen Verfassung keine Hilfe holen können.

Keine Kontakte. Kein Geld. Angst. Einsamkeit. Vielleicht trauen sie sich noch nicht mal für einen Spaziergang vor die Tür. Neben Viren lauern da die besorgten Mitbürger, die Vorwürfe machen und einen schnell wieder nach Hause schicken.

Schön, wenn der Rentner sich entschließt, bei der Telefonseelsorge anzurufen, um sich da Informationen zu holen. Egal, wie viele diesen oder einen anderen Weg finden, sich Hilfe zu holen... es wird leider genug geben, die jetzt durch das Netz fallen.

Ein brutales Sozialexperiment – und wir sind mittendrin.

13.6 Pharmaindustrie

Wenden wir uns einem der großen Gewinner der Corona-Krise zu: der Pharmaindustrie. Neben dem riesigen Markt, der sich durch Impfstoffe und Medikamente zur Behandlung von Corona ergibt, wird sich die Krise auch sehr auf den Absatz von Psychopharmaka auswirken. Meinen Glückwunsch.

Der Verbrauch von Antidepressiva in Deutschland ist zwischen 2008 und 2017 um über 50 % angestiegen. Die

Zahlen werden in einer rechnerischen Größe – definierte Tagesdosis (DDD) – aus der Arzneimittelforschung angegeben.

Lag die Zahl 2008 noch bei 974 Millionen DDD, war sie 2017 schon auf 1,491 Milliarden angewachsen. (50). Und diese Zahl wird weiter steigen. Im Jahr 2017 wurden nach Angaben der DGPM 25 Millionen Packungen mit Antidepressiva bei den Krankenkassen abgerechnet (58).

Welche Alternativen gibt es für die große Zahl an Menschen, die mit Antriebslosigkeit und Niedergeschlagenheit auf die Situation reagieren? „Gehen Sie unter Leute!" Ja, wie denn? „Machen Sie eine Therapie!" Erstmal einen freien Platz finden. Außerdem fehlt ja eben der Antrieb.

Die Deutsche Hauptstelle für Suchtfragen geht davon aus, dass in Deutschland zwischen 1,5 und 1,9 Millionen Menschen abhängig sind von Medikamenten. Hierbei spielen Benzodiazepine eine sehr wichtige Rolle. (60)

Benzodiazepine gehören zu der Gruppe der Sedativa. Sie haben eine stark beruhigende Wirkung und machen schon nach kurzer Einnahmezeit abhängig. Verwendet werden sie bei Angst- und Spannungszuständen sowie Schlafstörungen.

Klingt doch, wie für Corona-Zeiten gemacht! Die Zahl der Verwender wird zunehmen, es sei denn, die Ärzte finden Alternativen, die nicht so schnell in die Abhängigkeit führen. Die Sucht ist schnell da und der Weg zurück ist äußerst steinig...

Das RKI veröffentlichte die Ergebnisse von Untersuchungen, die die Zusammenhänge zwischen dem Gebrauch von Psychopharmaka bei älteren Menschen und Sturzhäufigkeit bzw. erhöhter Sterblichkeit untersucht haben (57). Es zeigte sich, dass der Gebrauch von Psychopharmaka insgesamt, von synthetischen Antidepressiva und insbesondere von Selektiven Serotonin-Wiederaufnahme-Hemmern (SSRIs) die Wahrscheinlichkeit zu stürzen, signifikant erhöht. Ebenfalls signifikant erhöht ist die Mortalität bei Menschen, die Opioide, Antipsychotika und/oder Benzodiazepine verwenden.

Die Anzahl der von psychischen Störungen Betroffenen wird weiter steigen. Hier ist vor allem eine Zunahme in den Bereichen Depression und Angststörungen zu erwarten. Und damit eine Zunahme bei der Verschreibung von Psychopharmaka.

Aber woran die Menschen letztlich sterben, spielt doch keine Rolle. Hauptsache, es ist nicht Corona. Dann sind wir es nicht schuld.

13.7 Beerdigungen

Es gibt mittlerweile Vorschriften hinsichtlich der erlaubten Teilnehmerzahl für Hochzeiten und Beerdigungen. Unglaublich!

Während man das freudige Ereignis der Eheschließung verschieben kann, wenn man es vorzieht, den Tag so zu gestalten, wie man selbst es sich vorstellt, ist dies bei Beerdigungen nicht möglich.

Beerdigungen dürfen aktuell nur im engsten Familienkreis stattfinden. Die genauen Vorschriften unterscheiden sich nach Bundesländern. Während in Bayern sogar untersagt ist, auch nur ein Inserat zu schalten, in welchem der Zeitpunkt der Beerdigung erwähnt ist (63), empfiehlt NRW mittlerweile, das Abschiednehmen am offenen Sarg unter Einhaltung des Mindestabstands wieder zuzulassen.

Insgesamt stellt es jedoch bundesweit einen schwerwiegenden Eingriff in Privatsphäre und Selbstbestimmung dar. Mit heftigen Folgen.

Ein wichtiger Mensch ist gestorben. Vielleicht der Partner. Ein Elternteil. Ein Kind. Je nach Ausgangssituation steht man vielleicht zum ersten Mal seit Jahrzehnten alleine da. Das Versterben eines nahen Angehörigen ist oft von Fassungslosigkeit begleitet. Man will nicht wahrhaben, dass dies tatsächlich geschehen ist.

Hier zeigt sich die Bedeutung der traditionellen Rituale. Für viele wird der Tod des anderen erst mit der Beerdigung real. Jetzt dürfen vielerorts nur engste Familienangehörige an der Beerdigung teilnehmen. Die erlaubte Höchstpersonenzahl unterscheidet sich von Bundesland zu Bundesland.

Vielen ist demnach gerade nicht möglich, sich von einem lieben Menschen zu verabschieden. Dadurch wird ihnen die Möglichkeit genommen, das Geschehene angemessen zu verarbeiten.

Der Gemeindepfarrer und Autor Rainer Liepold (61) verweist auf wissenschaftliche Untersuchungen, die auf den Ereignissen zum Ende des Zweiten Weltkriegs beruhen. Hier mussten viele Verstorbene ohne Bestattung zurückgelassen werden, weil die Überlebenden auf der Flucht waren. Es zeigte sich, dass das Fehlen der angemessenen Abschiednahme dazu geführt hat, dass die Menschen nachhaltige Schwierigkeiten hatten, ohne den betrauerten Menschen zurechtzukommen.

Dies sind die Probleme derer, denen ein Abschiednehmen verwehrt wird. Wie geht es denn denen, die an der Bestattung teilnehmen dürfen?

Einen Gottesdienst darf es nicht geben, auch nicht anlässlich einer Beerdigung. Vielerorts dürfen Trauerfeiern nur noch am offenen Grab unter freiem Himmel stattfinden. Natürlich unter Einhaltung des Mindestabstands.

Eine große Trauergemeinde vermittelt das tröstliche Gefühl, in seinem Schmerz nicht alleine zu sein. Die Beileidsbekundungen, Berührungen, physische Nähe von Menschen, die ebenfalls um den Verstorbenen trauern, von denen man sich aber auch in seinem Schmerz gesehen fühlt, sind ein großer Trost in einer schweren Zeit.

Und jetzt? Wenige Menschen. Jeder ist unsicher, wie er sich verhalten soll, bleibt aber auf Abstand, man will ja niemanden anstecken. Umarmungen, sogar Händeschütteln ist verboten. So steht die Witwe, die Mutter, das Kind allein am Grab, statt die Nähe der anderen zu spüren.

Wie einsam kann man sein?

Und was ist danach? Sich mit den anderen in seiner Trauer zu versammeln und das Leben des Verstorbenen noch einmal gemeinsam zu würdigen, vielleicht bei der ein oder anderen Anekdote auch das erste Mal wieder zu lachen, ist nicht möglich. Lokale haben geschlossen und einen guten Ort hierfür zu finden ist so gut wie unmöglich.

Aber das ist nicht alles. Man traut sich kaum zu fragen, ob noch jemand an einem solchen Beisammensein teilnehmen würde. Jeder setzt bei dem anderen Angst vor Ansteckung voraus und will sich verantwortungsbewusst zeigen, indem er diese Angst respektiert. Bestimmt hätten einige die geringe Wahrscheinlichkeit einer Infektion vernachlässigt gegenüber dem sehr konkreten Gefühl des Schmerzes und der Einsamkeit. Man hätte vielleicht nur darüber sprechen müssen.

Die praktische Umsetzung eines solchen Beisammenseins wäre jedoch tatsächlich kaum möglich gewesen, ohne gegen aktuell gültige Auflagen zu verstoßen. Denn sogar für die eigene Wohnung darf der Staat aktuell vorschreiben, wen man als Besuch empfängt und wen nicht. Zu unserem eigenen Schutz.

Hut ab vor dem, der trotzdem einen Weg gefunden und nahestehende Menschen nicht allein gelassen hat.

13.8 Fazit

Es ist nur ein kleiner Ausschnitt der Folgen, die Menschen aufgrund der von der Politik gewählten Maßnahmen zu tragen haben.

Vielen Unternehmen droht die Pleite, ganze Branchen stehen vor dem Aus, ein Großteil der Menschen fühlt sich in seiner Existenz bedroht und Deutschland steht vor einer Rezession. Menschen sterben an Einsamkeit oder werden von anderen totgeschlagen.

Neben der Unsicherheit und Angst bezüglich der eigenen Zukunft hat sich auch ein tiefes Misstrauen gegenüber den Mitmenschen entwickelt. Man nimmt andere nicht mehr als Möglichkeit des Austauschs, als Bereicherung wahr, sondern reduziert sie auf ihre Eigenschaft als potentielle Virenträger.

Es ist an der Zeit, die Verhältnismäßigkeit noch einmal zu überprüfen.

Auf der einen Seite haben wir eine Viruserkrankung. Diese Erkrankung ist für den größten Teil der Bevölkerung ungefährlich. Ist Ihnen bewusst, dass der Großteil der Älteren, die sich infizieren, ebenfalls überlebt?

Auf der anderen Seite haben wir die Maßnahmen, deren negative Folgen in ihren Ausmaßen noch gar nicht zu erfassen sind. Sie erstrecken sich über alle Altersklassen, verändern die Lebensqualität für die gesamte Bevölkerung und stürzen ein ganzes Land in die Krise.

Auch hier sind die Senioren besonders betroffen. Bei vielen dürften die allgemeinen Fähigkeiten, sich neu zu orientieren, eingeschränkter sein als bei Jüngeren. Man kann nicht einfach bei jedem älteren Menschen davon ausgehen, dass er noch in der Lage ist, sich mit Skype anzufreunden.

Die Folgen des dauerhaft erhöhten Cortisolspiegels auf das Immunsystem wirken sich bei Senioren ebenfalls gravierender aus, da noch andere Faktoren vorliegen, die die Sterbewahrscheinlichkeit erhöhen.

Wenn ich darüber nachdenke, wie wenig Qualität viele Seniorenleben jetzt noch haben, ... Und wir geben vor, sie zu schützen.

Wird das jemals aufgearbeitet werden? Falls es überhaupt möglich ist, annähernd genau zu bestimmen, wie viele Menschen in diesem Zusammenhang gestorben sind oder schwere irreversible Schäden davongetragen haben – ich fürchte, von politischer Seite fehlt das Interesse.

So brutal es klingt, wenn Sie jemanden aus Ihrem Umfeld verloren haben: Die Zahl der Menschen, die bisher an Corona verstorben sind, wird die Todesfallstatistiken überhaupt nicht verändern. Die Gesamtzahl ist zu gering und es sind hauptsächlich Menschen betroffen, deren Leben sich sowieso dem Ende genähert hat.

Was wäre es jedoch für ein Ergebnis, wenn man herausfinden würde, tatsächlich statistisch belegen könnte, wie viele Menschen mittelbar an den Maßnahmen der Regierung gestorben sind? Maßnahmen, die beschlossen wurden, um die Überlastung der Krankenhäuser zu verhindern, die nie stattgefunden hat. Um die Verbreitung einer Krankheit zu verhindern, die für die meisten ungefährlich ist. Es gibt keinen Supergau in deutschen Krankenhäusern. Im Gegenteil, wir sind in der Lage, unsere Kapazitäten großzügig zur Verfügung zu stellen. Gähnende Leere auf vielen für Corona-Kranke bereitgestellten Stationen.

Aber es gibt das Schreckgespenst, das herumgeistert, die Menschen in Panik versetzt und sie damit bei der Stange hält. Vor allem, weil wir ja jetzt die Verantwortung haben.

Ich kann mir trotzdem nicht vorstellen, dass es sich nicht irgendwann seinen Weg bahnt. Täglich neue Entmündigungen und täglich wachsende Reaktanz. Wie viel hält der Mensch aus? Oder der Deutsche im speziellen? Viel Aggression wird sich nach innen richten in Form von Depression, Angststörungen, Substanzmissbrauch oder Suizidversuchen. Vielleicht ist ja eine der Ideen aus Kapitel 16 die bessere Alternative im Umgang mit den negativen Gefühlen.

132

Es gibt eine hohe Akzeptanz der Maßnahmen, weil man das Virus fürchtet. Sie werden kaum in Frage gestellt. Dass hier mittlerweile umgekehrte Logik herrscht, will nicht in das Bewusstsein.

Man leitet das Ausmaß der Gefahr von den ergriffenen Maßnahmen ab. Würde man solche Maßnahmen ergreifen, wenn es nicht nötig wäre? Wenn alle das machen, kann es doch nicht falsch sein.

Und aus der eigenen Angst, die wiederum ein Resultat der Panikmache ist. Kein Resultat selbst erlebter Gefahr.

Es gab für Deutschland keine reale Bedrohung, die eine derartige Verbreitung von Angst und auch derartige Maßnahmen gerechtfertigt hätte. Es gab oder gibt eine Bedrohung für Menschen in hohem Lebensalter. Dennoch sollte auch hier bei möglichen Schutzmaßnahmen niemals die Lebensqualität außer acht gelassen werden. Hat mal jemand die Senioren gefragt, was sie sich wünschen?

Alles in allem ist die angebliche Bedrohung durch Corona auf keinen Fall ein Grund, ein Land lahmzulegen. Und erst recht ist es kein Grund, einen Großteil der Bevölkerung aufs Tiefste zu verunsichern.

Shame on you.

14. Wir wollen nur das Beste

In erster Linie bedeutet das: Wir wollen nichts falsch machen.

Wir wollen weder unser eigenes Leben riskieren, noch das anderer. Wir möchten uns solidarisch zeigen und unseren Beitrag zur Bewältigung schwieriger Situationen leisten.

All diese Dinge sind nachvollziehbar und gut. Leider kann man auch mit den besten Absichten viel Schaden anrichten.

Solidarität mit anderen ist eine gute Sache. Sich für andere verantwortlich fühlen und Schwächeren Unterstützung zukommen zu lassen auch. Man muss jedoch wissen, wo die Grenzen sind. Wenn die gestellten Aufgaben zu groß sind, wird man schnell von der Verantwortung oder den Schuldgefühlen erdrückt.

Es ist wichtig, sich selbst in seiner Nächstenliebe nicht aus den Augen zu verlieren. Wenn man sich selbst verbraucht im Mitgefühl für andere, ist bald keine Kraft mehr da – auch nicht für andere. Manchmal ist ein klares „Nein" die bessere Wahl.

Sie sorgen sich um die Überfüllung der Krankenhäuser? Um alte und kranke Menschen, die an Corona sterben könnten? Das verstehe ich. Aber ich sorge mich auch um die anderen.

Um die Kinder, denen man erzählt hat, sie müssten sich von ihren Großeltern fernhalten, da die körperliche Nähe zu ihnen tödlich sein kann. Wie soll ein Kind denn diese Information verkraften? Woher wissen Sie, dass es sich nicht zukünftig immer ein bisschen toxisch fühlen wird und – wenn es denn irgendwann mal so weit ist – insgeheim glaubt, schuld am Tod des Großvaters gewesen zu sein?

Wie soll ein kleines Kind begreifen, warum es plötzlich nicht mehr zur Oma darf? Es die Oma vielleicht sieht, aber nicht mehr zu ihr gehen darf. Je nach vorheriger Intensität der Beziehung kann ich mir das durchaus traumatisch vorstellen.

Ich sorge mich um die Eltern, die einfach keinen Moment Pause mehr haben. Um die Großeltern, die man schützen will, und die niemand fragt, was sie denn wollen. Was ihnen wichtig ist. Die nach einem von oben vorgegebenen Fahrplan behandelt werden und sich plötzlich verlassen fühlen von ihren Lieben.

Wir haben einen wichtigen Auftrag erhalten und dabei dürfen wir nichts falsch machen. Wir müssen Leben retten. Die Angst, einen nicht korrigierbaren Fehler zu begehen, kann schnell blockieren. Im schlimmsten Fall werden wir handlungsunfähig.

In unserem Fall würde sich Fehlverhalten direkt auf unser Gewissen auswirken. Das ist das Problem bei (zu) großen Aufgaben, die man noch nicht mal freiwillig übernimmt. Wir haben die Aufgabe übernommen, ohne darüber nachzudenken, ob wir sie überhaupt tragen können.

Lässt man sich Verantwortung aufdrücken, übernimmt sie, um sich nicht „schuldig" zu machen, wird man schnell zur Schachfigur. Wie leicht ist es, anderen Schuldgefühle einzuimpfen, vor allem, wenn man selbst in erhabener Position sitzt.

Von anderen Dinge zu erwarten, die eigentlich viel zu groß sind, um sie überhaupt leisten zu können, ist ein probates Mittel zur Erzeugung von Schuldgefühlen.

Diese eigentlich überaus billige Methode wurde und wird „erfolgreich" in vielen Bereichen des Lebens, z.B. Erziehung, Religion und Politik, eingesetzt, um andere zu manipulieren, sie kleinzuhalten und sie dazu zu bringen, nicht von dem für sie vorgesehenen Weg abzuweichen.

Wir können uns von vielem nicht freimachen. Die Gell-Mann-Amnesie war ein Beispiel dafür. Auch das übermäßige Vertrauen in Experten ... wen sollen wir denn fragen, wenn wir in einem Thema nicht Bescheid wissen?

Aber wir könnten ein bisschen kritischer sein. Vielleicht sind Sie sich jetzt ein bisschen bewusster darüber, dass jeder Experte Ihnen auch nur seine Sicht der Dinge schildert und nicht allwissend ist.

Leben ist zu einem gewissen Grad Risiko. Und nicht alle Risiken kann man vermeiden. Versucht man es dennoch, zahlt man einen hohen Preis.

Man kann sich – und andere – nicht vor allem schützen und normalerweise wissen wir das auch. Wir fahren Auto, fliegen, rauchen, trinken Alkohol, betreiben Sport... all das birgt Gefahren.

Ein langes Leben für sich selbst und seine Lieben: Das wünschen wir uns alle. Tod ist ein Thema, das die meisten entweder verdrängen oder angstvoll betrachten. Auch, wenn man weiß, dass der Tod zum Leben dazugehört, ist es schwer, dies zu akzeptieren. Aber Menschen sterben nun mal. Auch wenn uns das nicht gefällt.

Am Ende müssen Sie selbst entscheiden, welches Risiko Sie eingehen wollen. Denn Sie gehen *auf jeden Fall* ein Risiko ein.

Auch das regelkonforme Verhalten birgt Risiken und hat Folgen. Neben den zahlreichen „Kollateralschäden" bestehen diese hauptsächlich im Verlust von Kontrolle über das eigene Leben und einem Rückgang von Selbstwirksamkeit, Lebenslust, Selbstwertgefühl usw.

Diese Dinge werden uns lange begleiten. Und da helfen uns die Experten nicht. Jedenfalls nicht die, die es verursacht haben. Andere dafür. Die Ärzte verschreiben Psychopharmaka, die Therapeuten helfen den Kindern. Warum fühlt es sich so komisch an, wenn wir doch alles richtig gemacht haben?

Mit dem, was übrig bleibt, steht man alleine da. Sie müssen mit ihren Gefühlen klarkommen und werden sich dann entweder damit auseinandersetzen müssen oder sich immer wieder vor Augen halten, dass es ja sein *musste*.

Nur Sie allein haben es in der Hand. Schauen Sie sich die Zahlen noch einmal an. Ganz hinten im Buch finden Sie die aktuellsten Zahlen. Wie realistisch ist eine Bedrohung? Welche der Vorhersagen sind eingetroffen? War unser Gesundheitssystem bei den angegebenen Zahlen *jemals* in Gefahr zu kollabieren? Schauen Sie sich an, welche Massen an Patienten im Rahmen einer Grippewelle gestemmt werden, ohne dass irgendwer auch nur mit den Wimpern zuckt. An welchem Punkt ist Corona so gefährlich, dass es Sinn ergibt, vom üblichen wissenschaftlichen Verhalten abzuweichen? Ist die Idee einer schnelleren Ausbreitung wirklich so gefährlich, wenn man bedenkt, wie harmlos es sich an den meisten Stellen darstellt?

Denken Sie auch daran, dass Sie mit Sicherheits- und Vermeidungsverhalten Ihre Angst aufrechterhalten. Das ist *immer* so. Solange man sich vor einer angeblichen Gefahr schützt, wird man immer glauben, bedroht zu sein.

Die Angst darf niemals dominieren.

Am Ende müssen Sie sich sowieso positionieren. Es wird harmlos verlaufen – verglichen mit einer Grippewelle – und jede Seite wird diesen Ausgang auf das eigene Konto schreiben.

Die einen werden sagen: „Das ist nur unserer Konsequenz und den drastischen Maßnahmen geschuldet", die anderen „Es war nie eine große Sache und das ist schon lange klar. Ihr habt es nur unnötig dramatisiert".

Für beides werden Sie Belege finden. Und die Berichte, in denen die Zahlen dann nach vielen Seiten Erklärung zu finden sind,... wer liest die schon? Und die Zahlen wollen ja auch noch interpretiert werden.

Man darf sich nicht von Angst beherrschen lassen.

Schweden hat es bald geschafft, allen Unkenrufen zum Trotz.

Schweden hat keine schwerwiegenden Folgen der Isolation zu fürchten. Die Einwohner sind nach wie vor selbstbestimmt und konnten sich ihr Lebensgefühl weitgehend erhalten. Wir hingegen sind nochmal ein Stück kleiner geworden.

Die Politik hat die Aufgabe benannt. Wenn Sie dem Aufruf folgen, sind Sie auf der sicheren Seite. Sie haben nur getan, was man von Ihnen verlangt hat. Die Opfer auf der anderen Seite haben Sie nicht zu verantworten.

Ich hoffe, dass Sie nach der Lektüre des Buches trotzdem noch einmal darüber nachdenken. Schon wegen Ihres eigenen Lebensgefühls.

Sie werden dafür kein Okay von oben bekommen. Man wird Sie und mich als verantwortungslos beschimpfen. Wie man es bei Schweden gemacht hat.

Aber genau darum geht es bei der Übernahme von persönlicher Verantwortung. Sich ein Bild zu machen und dann das, *woran man glaubt*, im Rahmen seiner Möglichkeiten umzusetzen. Auch wenn der Nachbar Sie schief anguckt. Und man Ihnen von oben Verantwortungslosigkeit einreden will.

Da geht es den Ärzten genau wie Ihnen. Auch die müssen sich entscheiden, woran sie glauben, und verlassen sich dabei auf Empfehlungen, damit sie auf der richtigen Seite stehen und nicht „schuld sind", wenn es schief geht.

Möglicherweise sind aktuell genau die, denen man Verantwortungslosigkeit vorwirft, die einzigen, die wirklich Verantwortung übernehmen.

15. Wie wollen Sie leben?

Es lohnt sich wirklich, sich hierüber Gedanken zu machen. Denn die Antwort auf die Frage, wo wir uns hinsichtlich des Umgangs mit dem Corona-Virus positionieren, hat gravierende Auswirkungen auf unser zukünftiges Leben.

Aus den beiden gegensätzlichen Verhaltensweisen im Umgang mit Grippe versus Corona ergibt sich eine Dissonanz, die aufgelöst werden muss. Man kann die Corona-Maßnahmen nicht sinnvoll finden und gleichzeitig mit zukünftigen Grippewellen umgehen, wie wir es mit vergangenen getan haben.

Sie wissen spätestens jetzt, dass sich viele Menschen im Verlauf einer Grippewelle mit dem Virus infizieren, ohne Symptome auszubilden. Bei der hohen Anzahl an Infektionen ist es nicht unwahrscheinlich, dass der ein oder andere von uns in der Vergangenheit davon betroffen war. Diese Menschen haben sich innerhalb der Gesellschaft bewegt, ohne sich bewusst zu sein, dass sie mit einer Krankheit infiziert sind, die für bestimmte Personenkreise lebensbedrohlich sein kann. Hinzu kommen all diejenigen, bei denen sich die Influenza zwar bemerkbar macht, jedoch nur in Form einer Erkältung.

Und Sie wissen jetzt auch, dass eine Grippewelle mitunter eine hohe Zahl an Opfern fordert. Wie haben Sie sich bisher verhalten?

Sind Sie mit einer solchen „Erkältung" arbeiten gegangen? Haben Sie jemals symptomunterdrückende Medikamente – die Pharmaindustrie stellt solche in großem

Umfang bereit – eingenommen, um an Veranstaltungen teilnehmen zu können? Wenn Sie den Umgang mit Corona sinnvoll finden, dürften Sie das zukünftig eigentlich nicht mehr tun. Und die Pharmaindustrie müsste alle Medikamente vom Markt nehmen, die zur Unterdrückung von Symptomen führen, da sie sich ansonsten mitschuldig macht am Tod von Menschen.

Auch, wenn Sie sich nach Einnahme der Medikamente fit fühlen – Sie sind dennoch ansteckend für andere. Wenn Sie das zu Ende denken, müssten Sie mit jedem Schnupfen zu Hause bleiben – dahinter kann eine für andere Menschen tödliche Krankheit stecken. Eigentlich müssten Sie *immer* zu Hause bleiben, wenn die Grippe umgeht – Sie wissen ja nicht, ob Sie Virenträger sind oder nicht.

Wollen Sie das wirklich?

Ständige Angst vor jedem, der niest, vor jedem Virus, das gerade zirkuliert, vor jeder Erkrankung, die man sich theoretisch zuziehen könnte – soll so Ihr Leben aussehen? Wollen Sie sich ständig schuldig fühlen, weil Sie mit einer Erkältung vor der Tür waren und nicht mit Sicherheit ausschließen können, dass Sie für die Ansteckung eines anderen Menschen verantwortlich sind?

Leider tendieren viele Menschen zu übermäßiger Angst, überhöhtem Sicherheitsbedürfnis und auch dazu, sich schuldig zu fühlen. Der Umgang mit dem Corona-Virus hat bei ihnen ein völlig neues Bewusstsein geschaffen für die „Gefahren", denen wir alltäglich ausgesetzt sind.

Die Politiker werden das zu schätzen wissen. Eingeschüchtert und ängstlich sind wir leichter zu führen.

Wenn Sie also darauf warten, dass von oben Entwarnung gegeben wird, dann könnte es sein, dass Sie sehr lange warten müssen. Und die Entwarnung wird, wenn sie denn kommt, Hand in Hand gehen mit dem Hinweis auf eine andere Bedrohung. Ein gewisses Ausmaß an Angst in der Bevölkerung hat einfach zu viele Vorteile.

Es besteht auch die Möglichkeit, dass wir zukünftig zunehmend für weitere Dinge, die viel zu groß sind für uns, Verantwortung übernehmen sollen. Es war ja offensichtlich nicht schwer, uns diesbezüglich zu motivieren.

Aus meiner Sicht gibt es keine sinnvolle Alternative zu einem Abwägen von Lebensqualität und -quantität und auch dazu, dass wir die Natur nicht überlisten können.

Und wie geht's jetzt weiter? Wie gesagt, ein Aufruf zur großen Revolution wird das nicht.

Tja, wie es weitergeht, hängt sehr davon ab, welches Ziel Sie haben.

Wenn Ihnen niedrige Wahrscheinlichkeiten nach wie vor nicht ausreichen und Sie 100 % Sicherheit haben müssen, dass Sie sich nicht mit Corona infizieren – dann bleibt Ihnen nur, den bisher beschrittenen Weg weiterzugehen. Lassen Sie Ihre Angst weiterhin das Steuer übernehmen. Meiden Sie Menschen, decken Sie sich mit soviel Sicherheit ein wie möglich. Nicht mehr lange und Sie können Tests, Medikamente, Sprays und was auch immer kaufen. Die Tests können Sie dann täglich wiederholen. Oder stündlich. Das Ergebnis von gestern ist ja heute vielleicht nicht mehr gültig.

In England werden gerade Hunde darauf trainiert, Corona-Infizierte am Geruch zu erkennen (113). Vielleicht gibt es diese Hunde ja auch irgendwann für Privathaushalte. Machen Sie das! Kaufen Sie sich einen solchen Hund, wenn es möglich ist. Er kann sie dann vor jedem warnen, der das Virus in sich trägt.

Ich empfehle diesen Weg ausdrücklich nicht. Es wäre ein sehr unglückliches, angstvolles Leben ohne jede Qualität. Er führt Sie aber zu Ihrem Ziel, um jeden Preis eine Infektion zu vermeiden. Und Sie müssen schließlich selbst entscheiden, welches Ziel Sie sich setzen.

Wenn es allerdings darum geht, dass Sie Ihr Leben wiederhaben wollen, dann müssen Sie an anderer Stelle aktiv werden. Dabei helfen Ihnen weder Virologen noch Politiker und auch nicht die Medien.

Schauen Sie sich als Erstes die Zahlen noch einmal an. Und setzen Sie sie in den richtigen Zusammenhang. Die absoluten Zahlen können bedrohlich wirken. Wenn Sie sie im Zusammenhang mit der Gesamtbevölkerung sehen und daran denken, wie viele Menschen jährlich sterben – auch ohne Corona – haben sie schon eine ganz andere Wirkung. Wie bedroht sind Sie wirklich angesichts dieser Zahlen?

Wenn Sie sich die Zahlen wirklich vor Augen geführt haben, kommt der zweite Schritt.

Schalten Sie für ein paar Tage Radio und Fernsehen aus. Sie können natürlich Ihre Kochsendungen, Gameshows oder was auch immer gucken – aber keine Nachrichten, Talkshows und Corona-Sondersendungen. Man glaubt, sich zu informieren, dabei füttert man nur seine Angst. Wenn Sie sich eine Zeit von diesen Informationen, *die Sie gar nicht betreffen*, ferngehalten haben, werden Sie spüren, dass Ihre Angst zurückgeht. Weil sie keine Nahrung mehr bekommt.

Umgeben Sie sich mit positiven Dingen. Gehen Sie spazieren, kochen Sie Ihr Lieblingsessen, lesen Sie ein gutes Buch oder kaufen Sie sich Blumen.

Danach können Sie schauen, ob Sie im Freundeskreis Gleichgesinnte finden. Andere Menschen, die keine Lust mehr haben, sich Bange machen zu lassen. Versuchen Sie, sie als Freunde zu betrachten. Als Menschen. Nicht als Virenträger. Mit jedem Kontakt werden Sie erfahren, dass Ihnen nichts passiert. Außer, dass es Ihnen besser geht und Sie vielleicht die ein oder andere Killerzelle mehr haben, die Sie vor anderen Krankheiten schützt.

Und dann können Sie langsam Ihr Leben wieder aufnehmen, wie Sie es kannten. Soweit das möglich ist. Und egal, wie verrückt sich die Welt um Sie herum weiterhin gebärdet – Ihnen geht es damit auf jeden Fall schon mal besser.

16. Die Rache des kleinen Mannes

Wenn Sie sich mit dem Thema Angst auseinandergesetzt haben, konnten Sie sich Ihre Innenwelt vielleicht schon zurückerobern. Wenn Sie auf sich achten, kann Ihnen das auch niemand mehr wegnehmen. Gut so! Das ist auf jeden Fall das Wichtigste. Was nutzt Ihnen das Wegfallen aller beschränkenden Maßnahmen, wenn Sie innerlich immer noch voller Angst und Unsicherheit sind?

Die Auseinandersetzung mit dem Thema Angst und eine freiwillige Fastenzeit bezüglich Nachrichten in den Medien führt zum Rückgang der Angst. So weit, so positiv. Möglicherweise ändert es jedoch auch Ihren Blick auf das, was um Sie herum geschieht.

Sind Sie bisher zusammengezuckt bei neuen dramatisierten Informationen über Corona, können Sie diese jetzt eher kritisch überprüfen. Wie relevant ist diese Information wirklich? Wie bedeutsam sind die Zahlen, wenn man sie in Bezug setzt zur Allgemeinbevölkerung oder zu Grippewellen?

Sollten Sie nach Ihrer Prüfung zu dem Schluss kommen, dass Ihnen verzerrte Informationen angeboten worden sind, kommen vielleicht neue Gefühle in Ihnen hoch: Verärgerung und Wut. Was macht man jetzt damit?

Wir haben normalerweise verschiedene Möglichkeiten, unseren Unmut mit politischen Entscheidungen zum Ausdruck zu bringen. Eine häufig genutzte Möglichkeit ist die Demonstration.

Aktuell sind Demonstrationen nur eingeschränkt möglich. Bis vor Kurzem waren sie als direkte Konsequenz der

Kontaktsperren generell verboten. Dieses generelle Verbot hat das Bundesverfassungsgericht jedoch gekippt. Jeder Einzelfall muss geprüft werden. In manchen Bundesländern führte dies dazu, dass Demos unter der Einhaltung strenger Auflagen wieder erlaubt sind.

In NRW wurden seit Inkrafttreten der Corona-Verordnung 102 Demonstrationen angemeldet. 44 wurden seitens der Veranstalter wieder abgesagt, 51 wurde die Genehmigung verweigert. Nur sieben Demonstrationen konnten stattfinden (69). Die Auflagen, die in NRW einzuhalten sind, sind u. a. das Tragen von Mundschutz, die Markierung des Mindestabstands auf dem Boden und der Verzicht auf die Verteilung von Infomaterial. (69)

Markierung von Abständen bei einer Demonstration? Mir fehlt die Vorstellungskraft.

Bezüglich des Mundschutzes ist ferner darauf zu achten, dass dieser nicht zu einer Vermummung führt...

Hut ab vor denen, die sich von solchen Vorgaben nicht haben abschrecken lassen. Ich kann allein bei der Lektüre förmlich spüren, wie es mir die Energie absaugt.

Wie effektiv können Demonstrationen sein unter der Einhaltung der Auflagen? Mancherorts ist die erlaubte Teilnehmerzahl stark beschränkt. Aber welche Möglichkeiten gibt es denn noch?

Wir haben als Bürger zwei Funktionen, in denen wir aus der Sicht der Politik von Bedeutung sind. Das ist einmal unsere Rolle als Konsument und zum anderen – dann umwirbt man uns ja nochmal so richtig – als Wähler.

Die Lust am Konsum ist mir weitgehend abhandengekommen. Ich beschränke meine Einkäufe auf das Nötigste. Alles, worauf ich verzichten kann, bleibt liegen.

Klar, neue Sommerschuhe könnte ich brauchen und die Geschäfte haben mittlerweile (29.04.20) ja auch schon eine Zeit lang wieder auf. Aber ich stelle mich doch nicht ernsthaft vor einem Schuhgeschäft an, um irgendwann – mit Maske – den Laden betreten zu dürfen.

Mehr als das ich Schuhe brauche, braucht der Staat mich als Konsument. Ja, ich weiß, diesen Kampf verliere ich, wenn ich ihn alleine ausfechten soll. Im Extremfall stehe ich dann doch irgendwann im Ganzkörperschutzanzug – aber barfuß – vor einem Schuhgeschäft und bettele um Einlass.

Dennoch: Genau so, wie ich ein Restaurant verlassen würde, in welchem man mich despektierlich behandelt, verweigere ich meine Zustimmung zu dieser Bevormundung, indem ich einfach so wenig wie möglich kaufe.

Der Verzicht fällt mir auch nicht besonders schwer, denn es macht insgesamt keinen Spaß mehr, shoppen zu gehen. Seit Beginn der Kontaktsperre habe ich die Innenstadt gemieden. Nicht aus Angst vor Ansteckung, sondern weil ich befürchte, danach sehr schlecht gelaunt zu sein. Der Anblick von geschlossenen Restaurants und Cafés würde mich deprimieren. Die verkleideten Menschentrauben vor den Geschäften ebenfalls.

Was haben wir denn demnächst zu erwarten (Stand 29.04.20)?

Die Restaurants und Bars werden irgendwann wieder öffnen. Wie die genauen Bedingungen sein werden, ist noch unklar.

Muss ich dann im Café eine Maske tragen? Müssen die Betreiber ihre Tische weiter auseinanderstellen, so dass weniger Kunden Platz finden? Muss ich dann in Restaurants zukünftig vorbestellen, weil spontan nirgendwo ein Platz zu finden ist? Oder mich in eine Warteschlange vor dem Restaurant einreihen, natürlich unter Beachtung des Mindestabstands? Weist der Kellner mich permanent darauf hin, dass ich mehr Abstand zu meinem Gesprächspartner halten muss?

Nein, danke. Das ist einfach nur gruselig. Statt heimeliger Gemütlichkeit entsteht nur Frustration. Daran möchte ich mich nicht beteiligen. Die Vorstellung, dabei mitzugehen, diese Vorgaben zu akzeptieren, lässt jedes Selbstwertgefühl in mir dahinschmelzen. Die Auswirkungen permanenter Unterwerfung auf das seelische Befinden hätten fast ein eigenes Unterkapitel verdient.

Kommen wir zu unserer zweiten Funktion: unsere Rolle als Wähler.

Wenn Sie immer noch glauben, vor einer großen Gefahr beschützt worden zu sein, dann werden Sie mit dem Weg der Regierung einverstanden sein und das Gefühl haben, beim letzten Mal gut entschieden zu haben.

Wenn Sie sich gerade allerdings eher bevormundet und entmündigt fühlen oder den Kurs der Regierung einfach insgesamt falsch finden, möchten Sie dies den Damen und Herren vielleicht mitteilen.

Demonstrationen sind ja aktuell in der Beantragung und Umsetzung sehr schwierig. Eine Möglichkeit, Ihre Position darzustellen, wäre ein Schreiben an den Abgeordneten oder die Partei, die Sie gewählt haben.

Das müsste gar kein langes Schreiben sein. Hauptsache, es verdeutlicht Ihre Position.

Will mein Leben zurück – Stopp – zeitnah und umfassend – Stopp – sonst wähle ich zukünftig jemand anderen.

Natürlich können Sie auch dann an „Ihre" Politiker schreiben, wenn Sie den Kurs der Regierung befürworten. Sie können dann Ihren Dank zum Ausdruck bringen. Den Text müssen Sie allerdings selbst generieren – für ein Dankesschreiben fällt *mir* einfach kein Text ein.

Von beiden Seiten Briefe zu erhalten, würde dann auch die Wahrscheinlichkeit erhöhen, dass die Briefe gelesen und nicht nur gezählt werden.

Die einzigen Wahlen, die noch in diesem Jahr stattfinden, sind die Kommunalwahlen am 13. September in NRW. Die nächste Bundestagswahl ist im Herbst 2021 (75).

Beeindruckende Demonstrationen wie die bezüglich des Hambacher Forstes sind gerade nicht umsetzbar. Vielleicht ist das Versenden von Briefen ja ein Weg, sich einen Überblick darüber zu verschaffen, wieviele Menschen gerade *nicht* einverstanden sind.

17. Über mich

Weiblich, geschieden, nicht mehr ganz so jung...

Ich lasse mich nicht gerne Bange machen, mag Freiheit und springe nicht gerne auf volle Züge. Nach meiner Erfahrung ist meistens etwas faul, wenn zu viele Menschen gleichzeitig begeistert in eine Richtung laufen.

Beruflich war ich lange Zeit im weiten Feld der sozialen Beratung tätig. Menschen sind vielfältig und ihre Geschichten oft sehr spannend, wenn man die Oberfläche erstmal hinter sich gelassen hat. Gemeinsam mit dem Hilfesuchenden den *für ihn* geeigneten Weg zu finden, ohne ihn dabei zu verbiegen – das war das Ziel.

Ich wollte Sie an dem Prozess teilhaben lassen, den ich im Zusammenhang mit der Corona-Krise selbst durchlaufen habe. Natürlich weiß ich nicht, inwieweit meine Fragen und Gedanken den Ihren ähneln, aber vielleicht haben Sie sich ja an der ein oder anderen Stelle wiederfinden können.

Anfangs war auch bei mir Unsicherheit vorhanden. Ich tendiere nicht zu übermäßiger Angst, aber die Zahlen, die aus Italien kamen, haben auch bei mir ihre Wirkung nicht verfehlt.

Dann kamen die Vergleiche mit den Grippewellen. Das fühlte sich nicht richtig an.

Einerseits ja... davon haben wir viele durchlebt, die Auswirkungen sind oft schlimmer gewesen als die des Corona-Virus und niemand hat derartige Maßnahmen für nötig gehalten.

Andererseits nein... Man kann den Tod von Menschen doch nicht mit dem Tod anderer Menschen rechtfertigen.

Die Auseinandersetzung mit dem Thema Influenza und auch mit dem Thema Tod haben mir geholfen, mir eine Meinung zu bilden. Mir war zuvor nicht klar, wieviele Menschen in Deutschland jedes Jahr sterben. Auch, wenn jeder Todesfall individuell traurig ist, wirken die Zahlen anders, wenn man sie im richtigen Zusammenhang betrachtet. Menschen sterben, das ist so.

Auch andere Dinge waren sehr überraschend. Ich habe z.B. erwartet, dass es in China unglaubliche Opferzahlen gab. Und war dann doch sehr überrascht zu hören, dass außerhalb von Wuhan fast nichts passiert ist.

So kam eins zum anderen und mit der Zeit haben sich die Dinge bei mir zurechtgerückt.

All die widersprüchlichen Informationen. Einzelfälle werden aufgebauscht und großgemacht. Von „Masken nutzen nichts" zur Maskenpflicht in wenigen Wochen. Von der prophezeiten Überlastung der Krankenhäuser („Noch nicht, aber bald...) zum Abbau der bereitgestellten Kapazitäten an Intensivbetten ebenfalls.

Interessant ist, dass es die Öffentlichkeit anscheinend nicht stört. Immerhin war es doch die Horrorvorstellung überfüllter Krankenhäuser, mit denen uns die Notwendigkeit der Maßnahmen erklärt worden ist. Aber kaum jemand scheint irritiert, wenn jetzt alles zum Normalbetrieb übergeht und die Maßnahmen *trotzdem* bleiben.

Wie oft bin ich wohl bisher auf solche Strategien reingefallen? Ich schätze, ich habe mich in der Vergangenheit viel zu oft eintüten lassen. Nicht richtig hingeguckt. Mit Sicherheit habe ich die Arbeit derer, die sich für Datenschutz einsetzen, bisher viel zu wenig gewürdigt.

Ich fand es sehr verblüffend, wieviele Informationen, die gegen die Notwendigkeit extremer Einschränkung sprechen, vom RKI selbst bereitgestellt werden. Allerdings nur für den, der danach sucht. Die leeren Krankenhäuser... die Reproduktionszahl, die schon vor Beginn der Kontaktsperre unter 1 lag...

Trotzdem habe auch ich Angst. Wie Sie sich sicherlich denken können, ist es nicht die Angst vor dem Virus, die mich umtreibt.

Stattdessen habe ich z.B. Angst davor, dass meine Mutter genau in dieser Zeit sterben könnte. Da sie sich in einer Reha-Behandlung befindet, durfte sie in den vergangenen Wochen keinen Besuch bekommen.

Dass sie irgendwann stirbt, ist absehbar und damit würde ich auch zurechtkommen. Sollte es allerdings jetzt passieren, würde es mich lange verfolgen zu wissen, wie trostlos sie die letzte Zeit ihres Lebens verbracht hat.

Außerdem habe ich Angst vor den politischen Konsequenzen aus der Corona-Krise. In vielen Staaten wird Corona von der politischen Führung genutzt, um die eigene Macht auszubauen.

Der Ministerpräsident von Ungarn, Viktor Orbán, nutzt z. B. die vermeintliche Bedrohung durch das Virus und die hieraus resultierenden Ängste, um sich zum Alleinherrscher aufzuschwingen (4). Das – zum Zwecke der Bekämpfung der Pandemie – in Windeseile durch das Parlament gebrachte Ermächtigungsgesetz erlaubt ihm, auf unbegrenzte Zeit nach eigenem Belieben zu regieren. Wer Falschmeldungen über das Virus verbreitet, soll künftig mehrere Jahre inhaftiert werden können. Wer bestimmt, was Falschmeldungen sind, dürfte klar sein.

Er kann jetzt auf unbestimmte Dauer und nach eigenem Gutdünken schalten und walten. Wie nützlich ein Virus sein kann...

Ganz so drastisch und derart offensichtlich läuft es bei uns nicht ab. Eher vergleichsweise kleinschrittig und immer zum Wohle des Volkes.

Nachdem man diese Panik verbreitet hat und alle die schwerwiegenden Folgen der vor dem Hintergrund der Pandemie getroffenen Entscheidungen und Einschränkungen schmerzlich gespürt haben, ist der Weg doch geebnet für eine Impfpflicht, oder? Schließlich will niemand ein ähnliches Desaster noch einmal erleben. Und die Uneinsichtigen muss man dann eben zu ihrem Glück zwingen. Zum Wohle aller.

Bargeld geht durch viele Hände und gilt als möglicher Ansteckungsherd. Der zu erwartende Widerstand in der Bevölkerung gegen die – lange geplante – Abschaffung von Bargeld dürfte nach Corona um einiges geringer sein.

Der Vorstoß Herrn Spahns, im Zusammenhang mit der Änderung des Infektionsschutzgesetzes gleich auch die Ortung von Handys infizierter Personen zu legalisieren, wurde zwar von Datenschützern und der Justizministerin erfolgreich abgewehrt (94) – aber die Richtung war doch schon mal nicht schlecht.

Aktuell sind viele Grundrechte außer Kraft gesetzt. Wir werden sehen, wie viele Maßnahmen uns nach Corona ganz oder teilweise erhalten bleiben. Es wird dann einfach Normalität. Oder wussten Sie noch, dass Ihre Wohnung unter bestimmten Voraussetzungen abgehört werden darf? Oder dass es Zeiten gab, in denen das anders war?

Und ich habe ehrlich gesagt auch Angst davor, dass ich mein Leben nicht zurückbekomme. Ich gebe offen zu: Ich bin ein Freund von Lebensfreude. Und ich finde nicht, dass ich mich deshalb schlecht fühlen muss.

Ich will mein Leben auch nicht häppchenweise zurück. Da bin ich schon ein bisschen anspruchsvoll.

Ich will – und werde – mich nicht darüber freuen, dass die Gaststätten wieder geöffnet sind und ich sie besuchen darf – mit Mundschutz und Sitzplan.

Ich sehe für mich keinen Anlass, den Politikern für *irgendetwas*, was in den letzten Wochen durch sie verursacht wurde, dankbar zu sein.

Und ganz bestimmt will ich nicht dankbar sein dafür, dass die Politik die Knebel so langsam ein wenig lockert. Ich bin nicht froh, dass ich jetzt „wieder ein bisschen mehr darf". An allen Ecken ist nach wie vor Entmündigung zu spüren.

Der nächste Punkt, der mir Sorgen bereitet, ist die Stimmung in der Bevölkerung.

Ich hoffe, dass weder die Angst vor Ansteckung noch das Misstrauen gegenüber anderen Menschen dauerhaft spürbar ist. Das hoffe ich für Sie und für mich. Ich möchte mir gar nicht vorstellen, wie es sich anfühlt, in einer solchen Gesellschaft zu leben.

Viele Menschen haben Angst – und diese Angst macht mir Sorgen.

Die Angst, wegen der Menschen schon bei der Polizei denunziert werden – weil sie zu dritt oder viert im Park

154

unterwegs sind. Mögliche Haftstrafen wegen Verstößen gegen Corona-Verbote. Überlegungen, Menschen ab einer gewissen Altersstufe für längere Zeit in Quarantäne zu stecken. Private Vermieter drohen mit Kündigung, weil der Mieter Besuch bekommt. Man riskiert Strafen, wenn man mit mehr als einer Person im Auto sitzt.

Auch, wenn ich persönlich ein entspanntes Verhältnis zu diesem Virus habe, ... viele Menschen haben sich ja tatsächlich in großer Gefahr gesehen. Und wenn man in einem solchen Grundgefühl lebt, dann ist es im Zweifel plausibel, sich gegen Angriffe zu verteidigen. Menschen sind zu vielem bereit, wenn sie sich bedroht fühlen. Entscheidend für die Auswahl geeigneter Gegenmaßnahmen ist ja nicht die *tatsächliche* Bedrohung, sondern die empfundene. Von daher habe ich auch ein wenig Sorge hinsichtlich möglicher Reaktionen meiner Mitmenschen.

Menschen, die aus übermäßiger Angst heraus agieren, sind einfach beängstigend... Man weiß nicht, was sie alles bereit sind zu tun, um sich zu „schützen".

Es bleibt die große Frage, wie man denn den Menschen, die nach der Informationspolitik der letzten Wochen tatsächlich massive Angst entwickelt haben, irgendwann erklären will, dass die Gefahr gebannt sei. Solange man behauptet, die Situation nur durch die Maßnahmen im Griff zu haben, ist es schwer, von den Maßnahmen abzuweichen. Es sind ja – besonders im Herbst und Winter – immer Viren im Umlauf.

Umgekehrt kann jetzt auch keiner mehr zugeben, dass das Thema viel zu stark aufgebauscht worden ist.

Und damit sind wir jetzt in einem Dilemma. Maßnahmen dauerhaft aufrechterhalten – oder zumindest solange, bis ein Impfstoff entwickelt worden ist? Da geht mindestens die Wirtschaft nicht mit. Auch im Volk mehrt sich der Protest gegen diese dauerhafte Entmündigung.

Maßnahmen aufheben? Wie soll man denn erklären, dass ab der nächsten Woche völlig ungefährlich ist, was bis gestern angeblich noch dramatische Zustände hervorgerufen hätte? Vielleicht behalten wir ja die Maskenpflicht. Nicht, weil sie sinnvoll ist, sondern weil eine Aufhebung *aller* Maßnahmen bei den ängstlichen Menschen zu Unverständnis und starker Verunsicherung führen würde. Sie werden Sicherheitsverhalten brauchen, um mit der Situation umgehen zu können. Ansonsten würden sie sich von der Regierung im Stich gelassen fühlen.

Das Thema hat jetzt Aufmerksamkeit in der Öffentlichkeit. Wenn Sie zu den Menschen gehören, von denen die Angst vor Ansteckung Besitz ergriffen hat, wird sich Ihre Aufmerksamkeit noch sehr lange darauf ausrichten. Sie werden auch immer Informationen finden können.

Die Virologen waren in den vergangenen Wochen gefragter denn je. Ob die sich noch damit begnügen können, ihre eigentliche, medienferne Arbeit zu leisten? Die Presse weiß jetzt, womit sie ihre Auflage steigern kann. Talkshows und Nachrichtensendungen über das Thema haben höchste Zuschauerquoten. Niemand gibt das beste Zugpferd freiwillig wieder her. Das Thema wird noch lange bleiben.

Aber Sie haben die Wahl! Sie können umschalten.

Ich hege jedenfalls unbekannterweise Sympathie für jeden, der sich nicht hat total verrückt machen lassen. Der seine Sicht der Dinge behalten und gemacht hat, was *er* für richtig befindet. Trotzdem die Oma besucht und mit ihr Geburtstag gefeiert. Mit den Kindern draußen gewesen und ihre Freunde zum Spielen nach Hause eingeladen, auch wenn die Nachbarn komisch gucken. Kontakt zwischen Oma und Enkel erlaubt. Und ich hege Sympathie für jeden Promi, den ich *nicht* gesehen habe bei der „Wir-bleiben-zu-Hause"-Kampagne, die meiner Meinung nach sehr viel Schaden angerichtet hat.

Interessanterweise sah es anfangs so aus, als würde sich gerade die Risikogruppe der Senioren kaum irritieren lassen. In den Supermärkten waren viele Rentner zu sehen, die wohl die allgemeinen Warnungen nicht auf sich bezogen oder nicht ernstgenommen haben.

Eine Seniorin wurde von einer hilfsbereiten Kundin angesprochen. Sie wies die ältere Dame freundlich-besorgt auf die drohende Gefahr hin und bot ihre Hilfe für zukünftige Einkäufe an. Aber die Seniorin lehnte dankend ab. Sie sei 84, habe den Krieg überstanden, dann würde sie das wohl auch überstehen.

Wie uneinsichtig, verantwortungslos, vielleicht sogar asozial (darf man das bei einem Angehörigen der Risikogruppe so nennen?). Weiß die Frau nicht, dass sie ihr Leben riskiert? Und wenn sie schon nicht an sich selbst denkt, dann doch wenigstens an andere.

Nein. Ich fand die Dame im Gegenteil sehr sympathisch. Lässt sich nicht verschrecken und behält das Heft in der Hand. Entscheidet selber darüber, was sie sich zutraut und was nicht.

Es liegen keine Informationen dazu vor, ob die Dame im Verlauf der Wochen für ihre Haltung abgestraft worden ist oder eine der wenigen Senioren war, die noch selbstbestimmt leben konnten. Ich hoffe, Letzteres.

Ich muss trotzdem noch einmal darauf hinweisen, dass dies nicht bedeutet, dass Sie Ihre 94-jährige Oma mit ins Fußballstadion nehmen sollen ... oder auf ein Rockkonzert.

Umsichtig mit Menschen umzugehen, die zu den Risikogruppen gehören, ist sicherlich sinnvoll. Hände waschen und etwas auf Abstand gehen. An die frische Luft gehen... Ansteckungen sind dann sofort nochmal viel unwahrscheinlicher. In der Wohnung oder geschlossenen Räumen für regelmäßigen Luftaustausch und höhere Luftfeuchtigkeit sorgen. Bei höherer Luftfeuchtigkeit sinkt die Ansteckungsgefahr. Das Immunsystem stärken. *Und die Seele nicht vergessen. Das* sind aus meiner Sicht sinnvolle Maßnahmen.

Ich will hier nicht wirklich eine Rechnung aufmachen. Wie viel Bedeutung man dem Thema Lebensqualität gibt, muss jeder für sich entscheiden.

Ich hoffe nur wirklich, sollte eine ähnliche Situation noch einmal eintreten, wenn ich zur Risikogruppe gehöre, dass meine Kinder dann *mit mir* entscheiden. Dass sie mich fragen, mich ernstnehmen, den Kontakt zu mir *nicht* einschränken, mir nicht den Kontakt zu meinen dann vielleicht vorhandenen Enkelkindern nehmen...

Und sollte es sich so ergeben – mit oder ohne Virus –, dann hatte ich wenigstens eine schöne letzte Zeit und keine in Isolation und Einsamkeit.

Und auch, wenn es ein Virus mal *ganz explizit auf mich* abgesehen haben sollte, hätte das keinen Einfluss auf meine Grundhaltung. Nie, niemals!, würde ich erwarten, dass deswegen die Welt stehenbleibt und alle Menschen, betroffen oder nicht, derartig freiheitseinschränkende Maßnahmen über sich ergehen lassen müssen.

Wie geht es Ihnen jetzt? Sie sind ja schon relativ weit vorgedrungen bei der Lektüre des Buches. Ich hoffe, Sie hatten ein wenig Spaß.

Ich wollte Ihnen die Möglichkeit geben, die Dinge auch einmal von einer anderen Seite zu betrachten. Was Sie daraus machen, liegt bei Ihnen. Ich würde mich freuen, wenn ich einen Beitrag dazu geleistet habe, dass Sie sich eigene Gedanken machen und sich eine Meinung bilden, unabhängig davon, ob diese mit meiner übereinstimmt.

Denken Sie über das Gelesene nach, diskutieren Sie und bilden Sie sich Ihre eigene Meinung. Egal, wo Sie am Ende landen: Es ist Ihre Meinung und die können Sie dann auch überzeugt vertreten.

Eventuell treffen Sie bei Ihrer Suche nach Diskussionspartnern auch auf Menschen, die unbedingt an ihrer Sicht der Dinge festhalten müssen. Die gleich auf Angriff gehen, nur weil Sie Dinge in Frage stellen. Die Shitstorms, die man erntet, wenn man eine konträre Meinung hat oder sich skeptisch zeigt, sind ein Beispiel dafür.

Ich kann Ihnen in einem solchen Fall nur raten weiterzusuchen. Es gibt Menschen, mit denen man diskutieren kann. Leider geht es nicht mit jedem. Für manche ist allein die Vorstellung, in den vergangenen Wochen eventuell einer Täuschung erlegen zu sein, zu heftig und muss zurückgewiesen werden. Dann ist nicht, was nicht sein darf.

Vielleicht hilft Ihnen hier ein Satz von Mark Twain:

„It´s easier to fool people than to convince them that they have been fooled."

Ich wünsche Ihnen, was Professor Hockertz den Politikern wünscht: Ein bisschen Mut.

Das war´s dann auch von meiner Seite. Bis dahin, alles Gute und ... bleiben Sie gesund!

P.S. Wie versprochen, folgen unten noch die etwas aktuelleren Zahlen mit einigen Zusatzinformationen, sowohl für Deutschland als auch für ausgewählte andere Länder.

Jetzt aber wirklich: Tschüs und machen Sie´s gut.

A: Risiko in Deutschland

Mit Datum vom 02.05.20 gibt das RKI folgende Zahlen heraus:

Die Anzahl der Infizierten liegt deutschlandweit bei 161.703 bekannten Fällen.

Auf die Gesamtbevölkerung bezogen, sind damit **0,1945 %** nachgewiesenermaßen infiziert.

Die Infektionen sind sehr ungleich über die Altersgruppen verteilt. 67 % aller bekanntermaßen Infizierten sind zwischen 15 und 59 Jahre alt. Dies bedeutet, dass 108.341 Menschen dieser Altersgruppe betroffen sind.

Die Gruppe der Menschen, die mindestens 70 Jahre alt sind, ist mit 19 % vertreten. Dies sind 30.723 Personen.

Im Zusammenhang mit einer Corona-Infektion verstorben sind bisher 6.575 Menschen. Der Altersdurchschnitt der Verstorbenen liegt bei 81 Jahren, der Median bei 82.

Unter der Voraussetzung, *dass* bei Ihnen eine Corona-Infektion nachgewiesen wurde, lag Ihre – Alter und Vorerkrankungen außer acht gelassen – persönliche Wahrscheinlichkeit, an der Infektion zu sterben, bei 4,066 %.

4 % aller bekannten Fälle sind bisher verstorben. Dieser Wert kann noch steigen, weil nicht bei allen aktuellen Fällen von einer Genesung ausgegangen werden kann.

Das hört sich vielleicht gar nicht wenig an. Jedoch handelt es hier nicht um die Mortalität und auch nicht um die Letalität, sondern lediglich um den Fall-Verstorbenen-Anteil. Hier bezieht sich die Zahl der Toten also lediglich auf die 0,1945 % der Bevölkerung, die bekanntermaßen infiziert sind.

Setzt man die Anzahl der Todesfälle hingegen in Beziehung zur Gesamtbevölkerung, dann ergibt sich ein Wert von **0,0079 %**.

Dies war also bis zum 02.05. Ihre Wahrscheinlichkeit, an Corona zu versterben, auch ohne nachgewiesene Infektion.

Die bisherigen Zahlen haben das Lebensalter außer acht gelassen. Nimmt man diesen Faktor hinzu, ergeben sich folgende Werte:

Von den über 160.000 Infizierten sind 19 % über 70 Jahre alt. Dies bedeutet, dass in dieser Altersgruppe über 30.000 Infektionen nachgewiesen wurden.

Gleichzeitig ist diese Altersgruppe in der Verstorbenenzahl am häufigsten vertreten. 87 % oder 5.692 der Verstorbenen sind über 70 Jahre alt.

Für eine Person, die mindestens 70 Jahre alt ist *und* bei der eine Infektion festgestellt wurde, lag das Sterberisiko bis zum 02.05.20 bei etwas über 18 %. Dies ist eine hohe Zahl und sie steigt noch mit steigendem Alter. Aber auch, wenn die Zahl sich sogar noch erhöhen wird, weil bei manchen die Behandlung noch andauert und der Ausgang ungewiss ist, zeigt sich hier gleichzeitig, dass sich auch in hohem Alter viele Menschen von der Infektion erholen.

Ich kann leider nichts dazu finden, bei wieviel Prozent der über 70-jährigen eine Infektion harmlos oder mild verläuft. Fakt ist, es sind über 30.000 Menschen in dieser Altersgruppe nachgewiesenermaßen infiziert. Die Gesamtzahl der intensivmedizinisch behandelten Patienten liegt zum 02.05. bei knapp über 9.000 Personen.

Mindestens lässt sich also schließen, dass die Mehrheit der Infizierten über 70 nicht so schwer erkrankt ist, dass sie eine intensivmedizinische Behandlung benötigt.

Für Menschen unter 60 zeigt sich nach wie vor ein äußerst geringes Risiko. Insgesamt waren Anfang Mai 108.341 Menschen unter 60 Jahren nachgewiesenermaßen infiziert. Davon sind 285 gestorben.

Bezogen auf die bekannten Fälle hatte eine mit Corona infizierte Person unter 60 Jahren eine Wahrscheinlichkeit von 0,26 %, an der Infektion zu sterben.

Setzt man die Zahl in Beziehung zum Anteil dieser Altersgruppe in der Gesamtbevölkerung, sind es lediglich ***0,00047 %***.

Ohne Worte...

B: Mortalität international

Auch für andere Länder soll hier dargestellt werden, wie hoch die Sterblichkeit tatsächlich ist. Die Anzahl der Verstorbenen wird in Beziehung gesetzt zu der Zahl der bekannten Infektionen (Fallsterblichkeit) und zur Gesamtbevölkerung (Mortalität).

Für alle Länder ist von einer hohen Dunkelziffer an Infektionen auszugehen, die meist problemlos verlaufen. Die Kenntnis des tatsächlichen Umfangs würde sich daher sehr positiv auf die Fallsterblichkeit auswirken.

China:

Die Zahl der bekannten Infektionen liegt bei 83.959. Die Anzahl der an Corona verstorbenen Personen wird zum 03.05. mit 4.637 Toten beziffert. Demnach endeten 5,52 % der bekannten Infektionen mit dem Tod. Bezogen auf die Gesamtbevölkerung sind das 0,00033 %.

2018 lebten in der Volksrepublik China 1,4 Milliarden Menschen. Im Jahr 2019 sind in China fast 10 Millionen Menschen gestorben. Gleichzeitig wurden mehr als 17 Millionen Menschen geboren.

Die Gesamtzahl der Toten durch Corona liegt nur knapp über der Zahl der Menschen, die in China *täglich* in Folge von hoher Luftverschmutzung sterben (65). In diesem Kontext und auch vor dem Hintergrund der 10 Mio, die in

China jährlich versterben, ist davon auszugehen, dass sich Corona in keinster Weise in den Statistiken bemerkbar machen wird.

USA:

Zum 03.05. gibt es in den USA 1.117.979 Menschen, bei denen eine Corona-Infektion nachgewiesen wurde. Davon sind bisher 65.416 Menschen gestorben. Demnach endeten bisher 5,85 % der bekannten Infektionen mit dem Tod.

Bezogen auf die Einwohnerzahl der USA (327 Millionen, Stand 2018) ergibt sich eine Sterblichkeit von 0,02 %.

Wenn man bedenkt, dass in den USA jährlich ca. 2,8 Millionen Menschen sterben, ist auch hier keine besondere Auswirkung auf die Verstorbenenstatistik durch Corona zu erwarten.

Die Amerikaner sind bekannt dafür, sich besonders schlecht zu ernähren. In den USA gibt es einen hohen Anteil an Menschen mit starkem Übergewicht.

So haben auch über 12 % (!) der über 20-jährigen in den USA Diabetes (43). Diabetes gilt als ein Risikofaktor. Die Vorstufe „Prädiabetes" wurde zusätzlich bei 38 % diagnostiziert. Insgesamt ist demnach *die Hälfte der Einwohner* betroffen.

Großbritannien:

Die Anzahl der bekannten Infektionen beläuft sich auf 183.500 Fälle. Bislang sind 28.205 Menschen an der Infektion gestorben. Hinsichtlich der Fallsterblichkeit führt dies zu einem Wert von 15,37 %.

Bezogen auf die Einwohnerzahl (66,4 Mio, Stand 2018) liegt die Sterblichkeitsrate bei 0,04 %.

Italien:

Aus Italien sind bisher 209.328 Infektionen bekannt. Hiervon sind 28.710 Menschen gestorben. Für das Jahr 2018 wird die Einwohnerzahl Italiens auf 60,48 Mio beziffert. Jährlich sterben hier über 630.000 Menschen (Stand 2018).

Im Ergebnis sind damit 13,71 % der bekannten Fälle verstorben.

Bezogen auf die Gesamtbevölkerung ergibt sich ein Wert von 0,047 %.

Spanien:

In Spanien gibt es bisher 216.582 bekannte Infektionen. Davon endeten bisher 25.100 Fälle mit dem Tod. Die Fallsterblichkeit liegt demnach zum 03.05. bei 11,59 %.

Im Jahr 2018 umfasste die Bevölkerung Spaniens 46,45 Millionen Menschen. Im gleichen Jahr verstarben in Spanien 423.636 Personen.

Bezogen auf die Gesamtbevölkerung ergibt sich hiernach eine Sterblichkeit von 0,054 % durch das Corona-Virus.

Schweden:
Schweden kommt auf 22.082 bekannte Infektionen. Hiervon endeten bisher 2.669 mit dem Tod. Dies bedeutet eine Fallsterblichkeit von 12,086 %.

Die Einwohnerzahl Schwedens lag 2018 bei 10,23 Millionen Menschen. Im selben Jahr sind 92.185 Menschen gestorben.

Bezogen auf die Gesamtbevölkerung ergibt sich ein Wert von 0,026 %.

Schweden hat mit seinem „Sonderweg" einige Vorteile.
Die Menschen haben ihr Leben weitgehend aufrechterhalten können. Es ist daher davon auszugehen, dass sich das Virus besser ausbreiten konnte als in den anderen Ländern. Wenn dem so ist, würden viele Menschen bereits über Antikörper verfügen. Die Folgen einer gegebenenfalls auftretenden zweiten Corona-Welle wären gering.

Außerdem hat Schweden keine Toten durch Kollateralschäden zu erwarten.

Quellen

- (1) https://coronavirus.jhu.edu/map.html (ohne Datum)
- (2) https://antibiotic.ecdc.europa.eu/en/publicationsdata/ antibiotic-resistance-increasing-threat-human-health (15.11.18; abgerufen 02.04.20)
- (3) https://www.pharmazeutische-zeitung.de/vorsicht-bei-vergleich-der-zahl-der-todesfaelle-116540/ (26.03.20; abgerufen 03.04.20)
- (4) https://taz.de/Ermaechtigungsgesetz-in-Ungarn/!5675700/ (31.03.20; abgerufen 05.04.20)
- (5) https://www.sueddeutsche.de/politik/coronavirus-demokratie-ungarn-grossbritannien-israel-1.4853591 (23.03.20; abgerufen 05.04.20)
- (6) https://www.bundesgesundheitsministerium.de/ themen/praevention/gesundheitsgefahren/influenza.html (24.04.19; abgerufen 31.03.20)
- (7) https://www.lungenaerzte-im-netz.de/krankheiten/ grippe/was-ist-grippe/ (ohne Datum; abgerufen 31.03.20)
- (8) https://www.rki.de/DE/Content/Infekt/EpidBull/ Merkblaetter/Ratgeber_Influenza_saisonal.html (19.01.18; abgerufen 31.03.20)
- (9) https://www.aerzteblatt.de/nachrichten/57983/Grippe-verlaeuft-meistens-symptomlos (17.03.14; abgerufen 31.03.20)

- (10) https://www.eurekalert.org/pub_relea-ses/2014-03/tl-tqo031314.php (16.03.14; abgerufen 31.03.20)
- (11) https://influenza.rki.de/Arbeitsgemeinschaft.aspx (ohne Datum; abgerufen 31.03.20)
- (12) https://www.tagesschau.de/inland/interview-haeus-liche-gewalt-corona-101.html (23.03.20; abgerufen 02.04.20)
- (13) https://www.aerztezeitung.de/Medizin/33000-Tote-pro-Jahr-durch-resistente-Keime-226155.html (06.11.18; abgerufen 03.04.20)
- (14) https://www.rki.de/DE/Content/Service/Presse/Pressemitteilungen/2019/14_2019.html (15.11.19; abgerufen 03.04.20)
- (15) https://de.wikipedia.org/wiki/COVID-19-Pandemie (ohne Datum; abgerufen 02.04.20)
- (16) https://www.merkur.de/welt/coronavirus-covid19-chronologie-ausbreitung-erregers-lungenkrank-heit-china-welt-zr-13505397.html (28.04.20; abgerufen 28.04.20)
- (17) https://www.bundesgesundheitsministerium.de/coronavirus/chronik-coronavirus.html (abgerufen 05.04.20)
- (18) https://www.faz.net/aktuell/wirtschaft/mehr-wirt-schaft/corona-krise-home-office-wird-zu-todesfaellen-fuehren-16698308.html (27.03.20; abgerufen 02.04.20)
- (19) https://de.statista.com/statistik/daten/studie/167721/umfrage/altersstruktur-in-italien/ (ohne Datum; abgerufen 03.04.20)

- (20) https://www.faz.net/aktuell/gesellschaft/gesundheit/
coronavirus/corona-in-schweden-der-sonderweg-in-der-
krise-16709131.html (03.0420; abgerufen: 04.04.20)
- (21) https://www.tagesspiegel.de/kultur/frank-biess-
republik-der-angst-politik-der-gefuehle/24121226.html
(21.03.19; abgerufen: 04.04.20)
- (22) https://www.welt.de/wissenschaft/artic-
le206649557/Coronavirus-Das-weiss-Italien-ueber-die-
Toten.html (19.03.20; abgerufen: 05.04.20)
- (23) https://www.wallstreet-online.de/nach-
richt/12348072-immunologe-hockertz-interview-full-
stop-volkswirtschaften-endlich-wissensbasiert-vernu-
enftig-handeln (31.03.20; abgerufen: 05.04.20)
- (24) https://www.youtube.com/watch?v=N2zs7aYuzCg
(26.03.20; abgerufen 05.04.20)
- (25) https://www.br.de/nachrichten/deutschland-welt/
italiens-kliniken-am-limit-immer-mehr-faelle-ganz-
wenig-betten,Rt0v4Jw (12.03.20; abgerufen 05.04.20)
- (26) https://www.rki.de/DE/Content/InfAZ/N/Neuarti-
ges_Coronavirus/Steckbrief.html#doc13776792body-
Text1 (abgerufen 6.4.20)
- (27) https://www.apotheken-umschau.de/Coronavirus/
Corona-Verlauf-Infiziert-erkrankt-schwer-
erkrankt-557563.html (18.03.20; abgerufen: 06.04.20)
- (28) https://de.statista.com/statistik/daten/
studie/1103785/umfrage/mortalitaetsrate-des-corona-
virus-nach-laendern/ (abgerufen 06.04.20)
- (29) https://de.statista.com/statistik/daten/
studie/235/umfrage/anzahl-der-geburten-seit-1993/ (abgerufen 07.04.20)
- (30) https://influenza.rki.de/Saisonberichte/2014.pdf

- (31) https://de.statista.com/statistik/daten/ studie/161831/umfrage/gegenueberstellung-von-geburten-und-todesfaellen-in-deutschland/ (abgerufen 10.04.)
- (32) https://www.rki.de/DE/Content/InfAZ/N/Neuartiges_Coronavirus/Situationsberichte/2020-04-09-de.pdf?__blob=publicationFile (Stand: 09.04.2020, abgerufen 10.04.2020)
- (33) https://de.statista.com/statistik/daten/ studie/1365/umfrage/bevoelkerung-deutschlands-nach-altersgruppen/ (ohne Datum, abgerufen 09.04.20)
- (34) https://www.zeit.de/hamburg/2020-04/pflegepersonal-kurzarbeit-intensivstationen-krankenschwester-deutschland-coronavirus-krise (07.04.20; abgerufen 11.04.20)
- (35) https://www.welt.de/gesundheit/psychologie/article138974305/Wenn-die-Angst-vor-der-Krankheit-krank-macht.html (01.04.15; abgerufen 11.04.20)
- (36) https://www.praktischarzt.de/blog/medizinstudent-hypochonder/ (04.10.19; abgerufen 11.04.20)
- (37) https://www.nachdenkseiten.de/?p=59617 (26.03.20, abgerufen 11.04.20)
- (38) https://www.tagesschau.de/faktenfinder/ausland/ corona-kursaenderung-schweden-103.html (12.04.20; abgerufen 12.04.20)
- (39) https://www.uni-kiel.de/psychologie/mausfeld/ pubs/Mausfeld_Die_Angst_der_Machteliten_vor_dem_Volk.pdf (02.11.16; abgerufen 15.04.20)
- (40) https://www.mdr.de/wissen/mensch-alltag/wetter-corona-virus-saisonale-effekte-100.html (16.03.20; abgerufen 19.04.20)

- (41) https://www.krebsgesellschaft.de/onko-internet-portal/basis-informationen-krebs/bewusst-leben/rauchen-zahlen-und-fakten.html (23.05.18; abgerufen am 19.04.20)
- (42) https://de.wikipedia.org/wiki/Verantwortung (abgerufen 20.04.20)
- (43) https://www.aerzteblatt.de/nachrichten/64076/USA-Jeder-zweite-Erwachsene-hat-Diabetes-oder-Praediabetes (08.09.15; abgerufen 20.04.20)
- (44) https://www.skeptiker.ch/themen/kognitive-verzerrungen/ (ohne Datum; abgerufen am 21.04.20)
- (45) https://www.spiegel.de/geschichte/schul-experiment-die-welle-a-946745.html (11.03.08; abgerufen 21.04.20)
- (46) https://www.ardaudiothek.de/fakt-oder-fake/steigt-wegen-corona-die-scheidungsrate/73906260 (01.04.20; abgerufen 23.04.20)
- (47) https://www.swp.de/panorama/coronavirus-corona-krise-lagerkoller-und-haeusliche-gewalt-gewalt_gegen-frauen-isolation-ist-fatal-45059992.html (03.04.20; abgerufen 23.04.20)
- (48) https://www.welt.de/politik/deutschland/article128902542/Jede-Woche-sterben-drei-Kinder-durch-Gewalt.html (10.06.14; abgerufen 23.04.20)
- (49) https://www.spiegel.de/panorama/justiz/polizeiliche-kriminalstatistik-2018-tausende-kinder-wurden-opfer-von-gewalt-a-1271179.html (06.06.19; abgerufen 23.04.20)
- (50) https://de.statista.com/infografik/16707/verordnungen-von-antidepressiva-in-deutschland/ (21.01.19; abgerufen 23.04.20)

- (51) https://www.rki.de/DE/Content/Gesundheits-monitoring/Themen/Chronische_Erkrankungen/HKK/HKK_node.html (ohne Datum; abgerufen 23.04.20)
- (52) https://www.quarks.de/gesellschaft/psychologie/so-sehr-kann-uns-einsamkeit-krank-machen/ (26.04.19; abgerufen 21.04.20)
- (53) http://www.tafel.de/fileadmin/media/Themen/Coronavirus/2020-04-02_Lagebericht_Tafel_Deutschland_2._Auflage.pdf (02.04.20; abgerufen 22.04.20))
- (54) https://www.zeit.de/wirtschaft/2020-01/grundsicherung-rente-altersarmut-einkommen-deutschland-rentner (10.01.20; abgerufen 24.04.20)
- (55) https://www.tagesschau.de/investigativ/corona-soziale-folgen-101.html (08.04.20; abgerufen 25.04.20)
- (56) https://www.businessinsider.de/wissenschaft/medizin-professor-ueber-die-kontaktsperren-ein-brutales-sozialexperiment-mit-unbekanntem-ausgang/ (05.04.20; abgerufen 25.04.20)
- (57) https://www.bundesgesundheitsministerium.de/fileadmin/Dateien/5_Publikationen/Drogen_und_Sucht/Berichte/Abschlussbericht/Bericht_RKI_Medikamente_im_Alter.pdf (26.10.17; abgerufen 25.04.20)
- (58) https://www.focus.de/gesundheit/ratgeber/psychologie/depressionen-angststoerungen-borderline-antidepressiva-in-deutschland-so-haeufig-verschrieben-wie-noch-nie-wann-sie-wirklich-sinnvoll-sind-und-wann-nicht_id_9740636.html (11.10.18; abgerufen 25.04.20)
- (59) https://www.medikamente-und-sucht.de/presse/zahlen-daten-fakten.html (ohne Datum; abgerufen 25.04.20)

- (60) https://www.dhs.de/datenfakten/medikamente.html (ohne Datum; abgerufen 25.04.20)
- (61) https://www.sonntagsblatt.de/artikel/menschen/ beerdigung-ausgangsverbot-corona-trauern-zuhause (21.04.20; abgerufen: 27.04.20)
- (62) https://www.bestatter.de/presse/aktuelles/artikel/ update-bestattung-und-trauerfeiern-in-zeiten-der-corona-krise/ (27.03.20; abgerufen 27.04.20)
- (63) https://www.bestatter.de/presse/coronavirus-faqs/ allgemeine-informationen-zum-coronavirus/ (ohne Datum; abgerufen 27.04.20)
- (64) https://www.trendsderzukunft.de/menschen-sind-wie-schafe-ueber-alpha-menschen-und-herdentiere/ (16.02.2008; abgerufen 27.04.20)
- (65) https://www.welt.de/newsticker/dpa_nt/infoline_nt/ brennpunkte_nt/article145236429/4000-Tote-taeglich-in-China-durch-hohe-Luftverschmutzung.html (14.08.15, abgerufen 28.04.20)
- (66) https://countrymeters.info/de/China (ohne Datum; abgerufen 28.04.20)
- (67) https://www.ndr.de/nachrichten/info/28-Corona-virus-Update-Auch-die-Atemluft-spielt-eine-Rolle,pod-castcoronavirus174.html (06.04.20; abgerufen 28.04.20)
- (68) https://www.freitag.de/produkt-der-woche/buch/ angst-essen-freiheit-auf (ohne Datum; abgerufen 28.04.20)
- (69) https://www.mv-online.de/in-und-ausland/nrw/seit-corona-verordnung-102-demos-angemeldet-sieben-gewaehrt-328080.html (21.04.20; abgerufen 29.04.20)
- (70) https://www.wahlrecht.de/termine.htm (ohne Datum; abgerufen 29.04.20)

174

- (71) https://www.bpb.de/nachschlagen/zahlen-und-fakten/soziale-situation-in-deutschland/ (ohne Datum; abgerufen 30.04.20)

- (72) https://netzpolitik.org/2020/die-krise-als-hebel-fuer-ueberwachung-und-kontrolle/ (26.03.20; abgerufen 30.04.20)

- (73) https://www.focus.de/politik/deutschland/der-maechtige-paragraf-28-demos-aufgeloest-polizei-vor-dem-haus-in-der-corona-krise-schmelzen-grundrechte_id_11906814.html (22.04.20; abgerufen 01.05.20)

- (74) https://www.tagesspiegel.de/gesellschaft/panorama/studie-aerztefehler-sind-dritthaeufigste-todesursache-in-den-usa/13542880.html (04.05.2016; abgerufen am 02.05.)

- (75) https://www.tagesschau.de/inland/who-falsche-medizinische-behandlungen-101.html (14.09.19; abgerufen 02.05.20)

- (76) https://www.spiegel.de/wissenschaft/medizin/hydroxychloroquin-gegen-coronavirus-studie-deutet-auf-wirkungslosigkeit-von-malaria-mittel-hin-a-e67cd79d-e59f-46e1-89f8-f76524bc23b8 (22.04.20; abgerufen 02.05.20)

- (77) https://www.tagesschau.de/ausland/redesivir-coronvirus-usa-101.html (02.05.20, abgerufen 02.05.20)

- (78) https://www.merkur.de/welt/coronavirus-beatmungsgeraete-sterberate-todesfaelle-risikopatienten-ursache-muenchen-aerzte-patienten-zr-13651203.html (18.04.20, abgerufen 02.05.20)

- (79) https://www.dgai.de/aktuelles/coronavirus-covid-19/medizinische-informationen.html (ohne Datum; abgerufen 02.05.20)

- (80) https://www.dgai.de/alle-docman-dokumente/aktuelles/1337-bad-dgai-infoblatt-beatmung-bei-covid-19-140420.html (14.04.20; abgerufen 02.05.20)
- (81) https://www.dgai.de/alle-docman-dokumente/aktuelles/1330-german-recommendations-for-critically-ill-patients-with-covid-19-mkim-2019.html (17.04.20; abgerufen 02.05.20)
- (82) http://www.sozialpolitik-aktuell.de/tl_files/sozialpolitik-aktuell/_Politikfelder/Bevoelkerung/Datensammlung/PDF-Dateien/abbVIII3.pdf (ohne Datum; abgerufen 02.05.20)
- (83) https://www.rki.de/DE/Content/InfAZ/N/Neuartiges_Coronavirus/Situationsberichte/2020-05-02-de.pdf?__blob=publicationFile (02.0520; abgerufen 02.05.20)
- (84) https://www.rnd.de/gesundheit/corona-heute-02052020-aktuelle-zahlen-und-infos-zu-landern-infizierten-toten-und-genesungen-weltweit-ZF7G5L2KOREUFDX5XF4HGGXDFI.html (02.05.20; abgerufen 03.05.20)
- (85) https://de.statista.com/statistik/daten/studie/19320/umfrage/gesamtbevoelkerung-der-usa/ (ohne Datum; abgerufen: 03.05.20)
- (86) https://de.statista.com/statistik/daten/studie/19304/umfrage/gesamtbevoelkerung-in-italien/ (ohne Datum; abgerufen: 03.05.)
- (87) https://de.statista.com/statistik/daten/studie/19315/umfrage/gesamtbevoelkerung-in-spanien/ (ohne Datum; abgerufen 03.05.)

- (88) https://de.statista.com/statistik/daten/studie/19316/umfrage/gesamtbevoelkerung-von-schweden/ (ohne Datum; abgerufen 03.05.)
- (89) https://www.aponet.de/aktuelles/ihr-apotheker-informiert/20180123-grippeviren-verbreiten-sich-durch-atmen.html (23.01.18; abgerufen 04.05.20)
- (90) https://www.swr.de/wissen/corona-covid-19-diese-medikamente-werden-getestet-100.html (Ohne Datum; abgerufen 04.05.20)
- (91) https://www.deutschlandfunk.de/covid-19-ansaetze-fuer-medikamente-gegen-das-coronavirus.1939.de.html?drn:news_id=1125473 (29.04.20; abgerufen 04.05.20)
- (92) https://www.aerzteblatt.de/nachrichten/112332/COVID-19-FDA-warnt-vor-Risiken-von-Hydroxychloroquin-und-Chloroquin (27.04.20, abgerufen 04.05,20)
- (93) https://www.dw.com/de/corona-geht-tracking-vor-datenschutz/a-52931845 (27.03.20; abgerufen 04.05.20)
- (94) https://www.tagesschau.de/inland/lambrecht-bab-corona-handydaten-101.html (22.03.20; abgerufen 04.05.20)
- (95) https://de.statista.com/statistik/daten/studie/156902/umfrage/sterbefaelle-in-deutschland/ (ohne Datum; abgerufen 31.03.20)
- (96) https://de.wikipedia.org/wiki/COVID-19-Pandemie_in_Italien (kein Datum; abgerufen 31.03.20)
- (97) https://www.bundeskanzlerin.de/bkin-de/mediathek/die-kanzlerin-direkt/-jeder-der-die-regeln-befolgt-kann-jetzt-ein-lebensretter-sein--1736016 (28.03.20; abgerufen 05.05.20)

- (98) https://www.n-tv.de/politik/Macron-profiliert-sich-als-Kriegsherr-article21691459.html (03.04.20; abgerufen 05.04.20)
- (99) https://www1.wdr.de/daserste/monitor/videos/video-beatmung-von-covid--patienten-spiel-mit-dem-feuer-100.html (30.04.20; abgerufen 01.05.20)
- (100) https://www.apotheken-umschau.de/Coronavirus/Corona-Verlauf-Infiziert-erkrankt-schwer-erkrankt-557563.html (18.03.20; abgerufen 02.04.20)
- (101) https://www.rki.de/DE/Content/InfAZ/N/Neuartiges_Coronavirus/Ergaenzung_Pandemieplan_Covid.pdf?__blob=publicationFile (04.03.20; abgerufen 05.05.20)
- (102) https://www.thelancet.com/journals/laninf/article/PIIS1473-3099(18)30605-4/fulltext (05.11.18; abgerufen 10.04.20)
- (103) http://www.gbe-bund.de/oowa921-install/servlet/oowa/aw92/dboowasys921.xwdevkit/xwd_init?gbe.isgbetol/xs_start_neu/&p_aid=3&p_aid=20308093&nummer=838&p_sprache=D&p_indsp=-&p_aid=97079418 (ohne Datum; abgerufen 10.04.20)
- (104) https://www.br.de/nachrichten/deutschland-welt/deshalb-hilft-deutschland-auslaendischen-covid-19-patienten,RvCrBGx (03.04.20; abgerufen 09.04.20)
- (105) https://bnn.de/nachrichten/politik/spahn-kliniken-sollen-wieder-in-normalbetrieb (28.04.20; abgerufen 04.05.20)

- (106) https://www.n-tv.de/regionales/hamburg-und-schleswig-holstein/Hamburger-Rechtsmediziner-Kein-Grund-fuer-Todesangst-wegen-Coronavirus-article21698366.html (07.04.20; abgerufen 05.05.20)
- (107) https://www.rbb24.de/panorama/beitrag/2020/01/interview-robert-koch-institut-coronavirus-influenza-berlin-brandenburg.html (27.01.20; abgerufen 04.05.20)
- (108) https://www.patheos.com/blogs/geneveith/2011/08/the-murray-gell-mann-amnesia-effect/ (23.08.11; abgerufen 15.04.20)
- (109) https://de.wikipedia.org/wiki/Murray_Gell-Mann (ohne Datum; abgerufen 15.04.20)
- (110) https://meedia.de/2020/04/09/journalismus-in-der-krise-die-fuenf-defizite-der-corona-berichterstattung/ (09.04.20; abgerufen 06.05.20)
- (111) https://www.merkur.de/politik/corona-nrw-armin-laschet-deutschland-lockerungen-soeder-duesseldorf-zr-13748362.html (06.05.20; abgerufen 06.05.20)
- (112) https://www.augsburger-allgemeine.de/special/bayern-monitor/Umfrage-Zufriedenheit-mit-Soeder-in-Bayern-sprunghaft-gestiegen-id57126271.html (26.03.20; abgerufen 06.05.20)
- (113) https://www.deine-tierwelt.de/magazin/hunde-sollen-bald-covid-19-patienten-erschnueffeln/ (09.04.20; abgerufen 06.05.20)
- (114) https://www.rki.de/DE/Content/Infekt/EpidBull/Archiv/2020/Ausgaben/17_20.pdf?__blob=publicationFile (23.04.20; abgerufen 06.05.20)

- (115) https://www.dgppn.de/presse/pressemitteilungen/
  pressemitteilungen-2017/themendienst-angststoerun-
  gen-1.html (ohne Datum; abgerufen 06.05.20)

Danksagung

An M., der immer zur Verfügung steht und dessen grandiosen Verstand ich bei Bedarf jederzeit anzapfen darf. Ohne ihn im Hintergrund hätte mir wahrscheinlich der Mut gefehlt, das Projekt überhaupt anzugehen.

An J., my soulmate, die mich seit Jahren durch alle Höhen und Tiefen begleitet und einfach immer den richtigen Ton trifft.

An J., der stets bereit ist, für seine Überzeugungen einzustehen. Die Diskussionen mit ihm haben die Struktur des Buches geprägt.

Und auch an N., die den Stein mit einer zufälligen Bemerkung überhaupt erst ins Rollen gebracht hat. Dieser Beitrag reicht weit über das Buch hinaus.

Danke für eure Unterstützung. Sie ist mir sehr viel wert. Es war immer jemand da, mit dem ich mich austauschen konnte. Auf verschiedene Art und an verschiedenen Stellen habt ihr alle an der Entstehung des Buches mitgewirkt.

MIX

Papier | Fördert
gute Waldnutzung

FSC® C083411

Zeitfracht Medien GmbH
Ferdinand-Jühlke-Straße 7
99095 Erfurt, Deutschland
produktsicherheit@kolibri360.de